2020年产学合作协同育人项目『百色学院创新创业实践基地建设』（项目编号：202002078018）和2020年度广西高等教育本科教学改革工程项目『应用型本科院校创新创业实践平台建设的研究与实践』（项目编号：2020JGA306）资助出版

创业导向与大学生初创企业绩效的关系研究

唐金湘 著

武汉大学出版社
WUHAN UNIVERSITY PRESS

图书在版编目(CIP)数据

创业导向与大学生初创企业绩效的关系研究/唐金湘著．—武汉：武汉大学出版社，2021.6
ISBN 978-7-307-22174-1

Ⅰ.创…　Ⅱ.唐…　Ⅲ.①大学生—创业—研究　②企业绩效—企业管理—研究—中国　Ⅳ.①G647.38　②F279.23

中国版本图书馆 CIP 数据核字(2021)第 047454 号

责任编辑:聂勇军　　责任校对:汪欣怡　　版式设计:马　佳

出版发行:**武汉大学出版社**　(430072　武昌　珞珈山)
(电子邮箱:cbs22@ whu.edu.cn 网址:www.wdp.com.cn)
印刷:湖北金海印务有限公司
开本:720×1000　1/16　印张:14.5　字数:215 千字　插页:2
版次:2021 年 6 月第 1 版　2021 年 6 月第 1 次印刷
ISBN 978-7-307-22174-1　定价:49.00 元

序　　言

当今世界，日益发达的科学技术在为未来社会繁荣奠定了前所未有的物质基础的同时，也为未来经济社会可持续发展带来诸多新的难题。在严峻挑战中寻找新的发展机遇，成为全球性共同话题，创业成为世界各国破解发展难题的重要选择。

在国际化发展背景下，政治与经济的动荡与变革正孕育着社会结构的世界性重组。更大规模、更高层次的新一轮创业将在社会格局调整中发挥至关重要的作用。20 世纪 90 年代以来，经济相互依存下的国际合作与单边主义并存发展，不同文化之间的冲突和融合不断加剧，世界格局呈现出“一超多强”的态势。国际关系中要求平等、正义和公理的呼声越来越高，许多国家和民族试图在国际政治无序状态中提高自己的地位，谋求更多的国际政治权利。在全球化背景下，国际政治文化领域的矛盾形成了日益复杂的国际社会二律背反现象，不同国家在激烈的竞争中相互依存与合作。在国际政治舞台风云变幻之际，不同国家与地区必须把握难得的大变革机遇，组织并整合社会资源，突破制约其崛起的瓶颈，以国家和地区为创业主体开展政治性创业，促进国际政治新格局的形成。

当前，世界经济结构正处于大调整时期，创业经济成为世界经济格局大调整的活力源泉。新兴市场国家试图顺应经济全球化深入发展和国际产业分工转移大潮流，步入经济上升阶段，并成为全球经济增长的重要动力源。这些新兴市场国家在经济社会发展过程中，打破了照搬西方模式的迷局，立足于自身国情，探索各具特色的经济发展道路，并取得了一定的成功。中国作为新兴市场经济体的代表，在转变发展方式的同时，进一步深度融入世界经济体系，参与世界经济结构大调整，在全球经济结构中扮演着更重要的角色。在经济结构大调整中，中国必须探究建立具备高端化、抗风险、可持续特征的创新体系，把创业者独特的经验和技术结合在一起，以创业主体与创业客体相互关系为主线，以机会的创造、把握和运用为核心，以提高创业者的素质为目的，大力推进创业经济发展。

未来世界经济将出现新的发展格局，大调整、大变革势不可当。在这个过程中，无论是世界社会结构调整，还是经济发展方式变革，都需要通过注入创业元素激活其发展动力。从某种程度上说，社会结构大调整的结局取决于其社会成员的创业素质，谁拥有高素质的创业人力资源，谁就占据着创业时代的主动权。因此，推进创业教育，培养创业人才成为时代的必然诉求。中国应该立足国情，借鉴国际先进经验，构建科学、合理的高校创业教育体系，为创业教育实践提供有效的制度保障。

首先，本书回顾和梳理了国内外以往有关创业导向与初创企业绩效关系的研究文献，从大学生创业学习理论视角出发，将大学生创业者的创业学习作为中介变量引入“创业导向与初创企业绩效”这一关系中，试图构建“创业导向—大学生创业学习—初创企业绩效”这一概念模型，从而揭开“大学生创业学习作用于创业导向与大学生初创企业绩效之间关系的黑箱子”；其次，通过科学合理地进行变量设计和测量、问卷设计和数据收集，确保问卷具有较好的信度和效度；再次，通过描述性统计分析、信度分析、效度分析、相关性分析、回归分析等统计学方法对316个大学生创业者样本进行数据分析，实证检验本书所提出的假设；最后，本书以实证结论为依据为我国大学生初创企业的发展在理论层面上提供一定的指导，并就大学生创业教育、创业扶持体系等提出政策建议。同时，还重点介绍作者本人所在高校——百色学院在创新创业教育方面的做法和经验等。

借此书付梓之际，我谨向所有帮助本研究的同仁和朋友及武汉大学出版社表示由衷的感谢。

限于作者的学术素养，本书还有不少疏漏与谬误，敬请各位同仁和读者不吝指正。

唐金湘

2021 年 1 月于百色学院

目　　录

第一章 绪　　论

第一节 选题背景

一、选题理论背景

创业从本质上来说是一个不断学习的过程，创业者或企业家的经验和知识更加依靠后天的学习培养，而不仅仅依靠其先天的禀赋，通过学习可以对创业者和企业家进行甄别(Minniti & Bygrave，2001)。对于首次进行创业的群体而言，创业初期其实就是一个逐步学习、不断成长的过程。创业者的学习领悟能力、学习成效已然成为影响创业成败的关键因素。不同的学习模式对创业者起到的帮助和作用是截然不同的(Richard，2004；Vagelis，2007)。初创型企业和成熟型企业不管是在公司发展战略上，还是在经营业务上都存在较大的差异，学习的侧重点自然也有所不同，对于初创企业而言，其创业学习更多的关注点应该落在创业者本身的学习层面。

当前学界主要从创业者个体的行为特征和创业企业的创业导向两个微观层面对创业行为进行研究。对于初创企业而言，企业的决策会对创业者的行为产生直接的影响。现有研究文献中对创业行为的特征划分或创业导向的维度划分大多依据创新型、风险承担型两个维度，两者之间具有异曲同工之处。创业导向的概念最初起源于战略管理的诸多理论(Miller，1983；

Covin & Slevin，1991；Lumpkin & Dess，1996），并随着战略管理理论内涵的进一步延伸，逐渐演变成为解释企业、团队创业的重要工具。随着研究的深入，创业导向一般会划分为创新性导向、前瞻性导向、风险承担性导向、自治性导向和竞争积极性导向五个维度或是前瞻性导向、风险承担性导向和创新性导向三个维度（Lumpkin & Dess，1996）。

创业导向会对创业学习行为产生影响，进而影响企业绩效和创业成功率。这符合创业导向理论中的“创业导向—学习导向—企业绩效”的逻辑链。然而，当前对创业导向如何改变创业者的创业学习，创业学习又将如何影响企业绩效的研究甚少，特别是针对大学生创业群体的研究更是寥寥无几。因此，深入分析创业导向、大学生创业学习与企业绩效三者之间的关系，不仅能厘清大学生创业学习与创业导向及企业绩效之间的相互关系，还可以为政府部门制定创新创业政策提供决策依据。

二、选题现实背景

在全球经济萎靡的环境下，高质量、活跃的创业活动已然成为各国经济新的增长点。近年来，虽然我国的创新创业生态体系不断优化，创业活动活跃指数不断上升，然而和其他发达国家或地区相比，我国大学生初创群体存在创业质量不高、创业成功率总体偏低、企业存活周期短、创业项目层次不高等诸多现象。在当前国家大力鼓励大学生创新创业的背景下，如何引导和帮助初创企业中大学生创业群体确立适宜的创业导向，及如何有效提升大学生创业学习的有效性，从而进一步提升大学生初创企业绩效，已经成为目前亟待研究的问题。

目前我国大学生的就业形势严峻，2017 年我国高校毕业生就业人数再创新高，达 950 万名，其中，包括 749 万名应届毕业研究生和普通大学生，以及往届未就业的 200 万名左右的毕业生。根据有关统计，自 2015 年以来，我国大学生的实际就业率基本维持在 70%左右，就业市场的供需矛盾依旧较为突出。大学生群体作为我国宝贵的人才资源，其就业问题直接关系到社会的稳定和国家经济的长远发展。在严峻的就业形势背景下，大学生的就业意识也随之发生了改变，创业已经逐步成为解决大学生难就业、就业难的重要措施。作为特殊创业群体的大学生，其具有知识储备丰富、创新能力强等特点，且创业项目主要集中在高新技术行业及战略性新兴产业。因此，大学生创业行为有利于我国完善产业结构，促进经济转型升级。然而该群体的创业成功率不容乐观，近年来创业的成功率仅为3%，即使创业成功率最高的浙江省也仅为4%。为了激发大学生群体的创业活力，营造良好的创新创业氛围，国家和地方政府制定和出台了一系列关于大学生创新创业的政策，旨在正确引导和鼓励大学生创新创业，然而政策实施的效果并没有达到预期，大学生创业群体的创业成功率依旧不高。深究其因，除了大学生创业群体自身缺乏实际工作经验外，还在于创新创业的教育还处于探索阶段，创新创业教育还不完善等，这当中有很多问题是值得我们进一步去分析和深入研究的。

大学生创业群体是一群很独特的创业群体，特别是首次进行创业的大学生创业者，由于自身的实践经验不足、社会阅历浅、管理经验欠缺等，往往会导致创业之路历经沧桑，同时在这个过程中其创业导向、创业学习以及创业绩效等方面也因为这个群体的独特性而呈现出与众不同的特点。本书在研究的过程中，采用理论与实证相结合的研究方法，进一步厘清三者之间的关联机理，以期为大学生初创群体的创业活动提供高质量的指导。因此，本书的研究具有一定的社会意义和现实意义，可以为当前国家经济的转型发展提供智力支撑。

第二节　研究问题与选题意义

一、研究问题

我们通过对现有创业导向和企业绩效两者之间关系的文献进行查阅和梳理，发现对它们两者之间关系的研究不仅有线性关系研究，还有一些是其他变量对它们之间关系影响的研究。因此，创业导向和企业绩效并非单一的线性关系。对它们之间关系的研究主要有三个阶段：第一个阶段，学者们研究的范畴主要集中在对两者之间的直接关系方面。通过实证研究得出的主要结论也证实了两者之间的直接线性关系，但这种直接线性关系有可能是正向的也有可能是负向的。第二个阶段，学者们发现创业导向与企业绩效之间主要存在两类调节变量，一是组织变量，主要包括企业文化与组织结构等因素对企业创业导向和企业绩效产生影响。二是环境变量，即外部环境具有动态性和敌对性，并会对创业导向产生重要的影响，创业者在创业过程中要重视该变量，从而可以有效地利用该调节变量采取更有针对性的创业导向战略，进而获得良好的企业绩效。这个阶段学者们的研究焦点主要集中在创业导向与企业绩效之间会存在哪些可以起到调节作用的变量。第三个阶段，学者们的研究重心主要落在创业导向与企业绩效之间是哪些因素在起中介作用，部分研究表明创业导向转化为企业绩效过程中可以用创业学习等中介变量来解释。

因此，本书的研究主要是以大学生初创企业为研究对象，通过理论与实证相结合，深入剖析创业导向、大学生创业学习和企业绩效三者之间的逻辑关系，与此同时进一步分析大学生创业学习作为中介变量在创业导向和初创企业绩效两者之间是如何影响它们的。同时，我们把创业环境作为调节变量，分析它在创业导向与大学生创业学习两者之间及大学生创业学习和初创企业绩效两者之间是否起到调节作用。本书的研究结论丰富了创业理论，促进了大学生初创企业的健康发展。

二、选题意义

目前，对于创业导向和企业绩效关系的研究主要是以成熟型的企业为研究对象，对于经济转型升级，国家“双创”背景下大学生初创群体的规范性实证研究还比较少。本书以大学生初创企业为样本，从理论和实证两个方面进行分析，研究结论对于促进大学生初创企业提高企业绩效具有一定的理论和实践意义。

1. 理论意义

首先，从创业学习理论视角，本书将大学生创业者的创业学习作为中介变量引入“创业导向与初创企业绩效”这一关系中，并借助统计软件，定量分析创业导向通过大学生创业学习这一中介变量进而影响企业绩效的过程机制，并进一步扩大和完善关于创业导向和企业绩效两者之间中介变量的研究。

其次，研究创业导向各维度对企业绩效各维度、创业导向各维度对大学生创业学习各维度、大学生创业学习各维度对企业绩效各维度的不同影响，进一步完善创业理论。

再次，对基于大学生初创企业的创业导向、大学生创业学习、创业环境及企业绩效的测量量表进行了修改和完善，并结合成熟型企业样本数据进行分析和检验，进而开发出具有更高信度和效度的测度量表，为国内学者后续关于大学生创业的研究提供借鉴工具。

最后，将大学生初创企业嵌入动态性环境和敌对性环境当中进行研究，基于大学生初创群体所处的特殊环境，将创业环境作为调节变量进行研究，进一步完善大学生目前的创业理论。

2. 实践意义

首先，本书的研究结果可以为企业的创业导向提供实践上的启示，有助于大学生初创企业能在复杂的市场竞争中识别机会，选择正确的企业发展战略。随着内外部环境的变化，企业要在竞争中立于不败之地，首先要确立企业的战略方向，创业导向可以很好地为企业提供正确的发展方向，帮助企业在复杂的市场竞争中取得优势，在市场上占据应有地位。

其次，本书将创业环境作为调节变量引入创业导向、大学生创业学习和企业绩效之间的关系中进行分析，有利于为企业经营管理者提供对策建议。本书的研究结论有助于大学生初创企业更好地认识创业环境对创业导向和大学生创业学习的影响，通过洞察和分析内外部环境变化，从而调整企业发展战略，强化创业学习能力，进而提高企业绩效。

最后，对国家经济发展和社会稳定而言，鼓励和引导大学生创业是解决大学生就业难的重要举措，提升大学生创业的成功率及企业绩效，不仅可以解决大学生就业问题，还可以助推经济结构的转型升级以及社会的稳定发展。

第三节 本书创新之处

本书将大学生初创企业作为实证样本，通过对已有理论的归纳和分析，将创业导向、大学生创业学习、初创企业绩效等相关变量之间关系进行整体概念的模型构建，并通过调查问卷和数据分析方法对模型中的关系假设进行验证，以期进一步厘清变量之间的复杂关系，从而更好地帮助大学生初创企业健康发展以及提高企业绩效。本书的创新之处包括：

(1)本书提出的以大学生创业学习作为中介变量来研究创业导向和大学生初创企业绩效之间的关系目前还处于探索阶段。从现有研究来看，学者们主要考虑是把组织学习等作为中介变量来考虑创业导向与企业绩效两者之间的关系，仅有小部分研究者开始研究创业学习与创业导向和企业绩效之间的作用，但是其实际上还是用组织学习来研究彼此间的关系。笔者认为出现这种现象的原因是绝大多数学者没有过多关注大学生创业群体，忽视了大学生创业者与普通企业家及大学生初创企业和社会一般性企业的重大差异性。此外，正式的创业学习研究起步较晚，自 2005 年才开始被重视，因此，创业学习与创业导向之间、创业学习与企业绩效之间关系的研究就比较少见，以创业学习作为中介变量来研究三者之间的关系的文献就更加少见了，特别是关于创业学习个体层面的研究基本上鲜有文献，而目前越来越多的学者认为创业学习更多是个体层面的学习，特别是对于大学生初创企业，笔者发现，大学生 3 年以内的初创企业更多是 1~2 人，根本不存在组织性，因此，原有研究根本不能解释三者之间的关系，所以本书才选择了针对大学生创业者的创业学习这一变量，并选择大学生初创企业作为研究对象进行研究，丰富了创业理论，更好地促进了大学生企业的发展，这是本书的创新之一。

(2)本书同时引入了大学生创业学习中介变量及创业环境调节变量来研究创业导向与大学生初创企业绩效之间的关系具有一定的创新性。回顾以往的研究，关于创业导向和企业绩效关系，大部分学者主要是单一地考虑变量在两者之间关系中是否存在中介作用或者存在调节作用，但同时引入中介变量和调节变量来综合考虑的文章并不多见。

(3)通过引入调节变量——创业环境，进一步阐述了创业环境在创业导向和创业学习之间及在大学生创业学习和初创企业绩效两者之间的调节作用，研究的结论有助于分析结果，使得环境变量的调节作用路径显得更为清晰，这是本书的又一处创新。

第四节 研究方法和技术路径

一、研究方法

文献研究法。系统梳理和归纳国内外关于创业导向和企业绩效、创业导向与大学生创业学习、大学生创业学习和企业绩效等的交叉研究，并对前沿的研究成果和观点进行重点分析，为本书研究奠定扎实的理论基础。

理论分析法。理顺变量与变量之间的逻辑关系，总结凝练出本书的研究思想，将其作为研究的理论基础，并结合初创企业特征，形成理论研究框架，在此基础上建立概念模型并推导出研究假设。

问卷调查法。设计合理的调查问卷，通过调查问卷收集相关数据，并在此基础上借鉴现有研究成熟量表，设计出具有较高信度和效度的量表。

实证分析法。使用 SPSS 软件对调查问卷所获取的数据进行分析，进一步验证研究中提出的概念模型与假设，并得出相应的结论等。

二、技术路径

技术路径如图 1-1 所示。

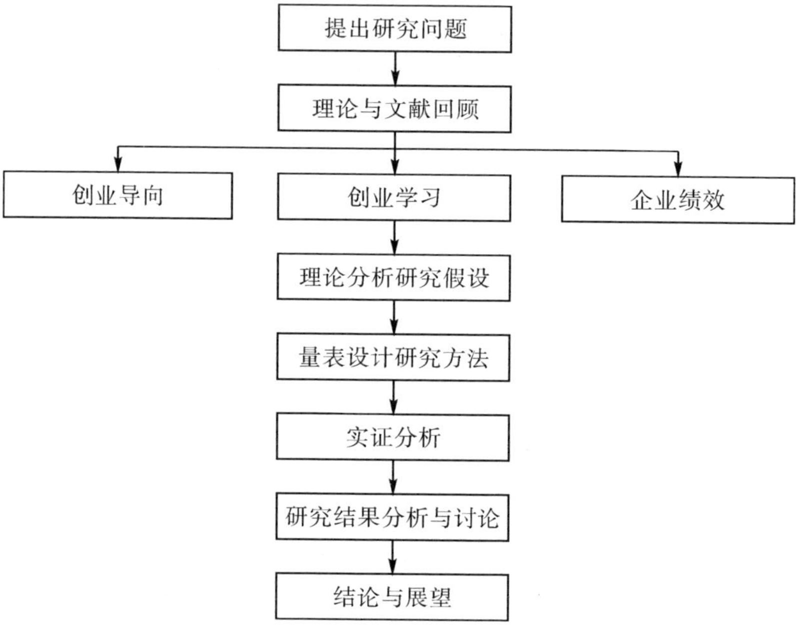

图 1-1 技术路径

首先，对创业导向、创业学习及企业绩效等进行理论综述；其次，在界定变量关系的基础上提出研究假设，然后建立概念模型；再次，进行调查问卷设计和量表设计；最后，采用 SPSS 等相关统计软件对概念模型进行实证检验，并分析研究结论。

第五节 文章结构

本书分六章展开。

第一章，绪论。包括选题的理论背景和现实背景、选题的意义、创新之处、研究方法和技术路径等。

第二章，理论回顾与文献综述。包括对创业导向、创业学习、企业绩效、创业环境等理论和文献进行梳理和总结，在此基础上对现有的理论进行述评，总结以往研究中已取得的成就，同时也指出目前研究匮乏的地方。

第三章，理论分析与研究假设。分析创业导向与大学生创业学习及大学生创业学习和企业绩效的关系，分析大学生创业学习的中介作用以及创业环境的调节作用，并提出研究假设，构建研究模型。

第四章，问卷设计与研究方法。结合国内外研究文献以及相关专家、创业者的建议，设计调查问卷，并重点对创业导向、大学生创业学习、创业绩效及创业环境等变量进行量表设计，阐述样本数据收集方法和数据获取过程，详细介绍信度分析及描述性分析等统计分析方法。

第五章，数据分析与讨论。包括调查问卷的数据来源以及对数据的处理，之后基于相关数据对变量进行相关性分析，从而检验变量间关系的假设是否成立，此后对研究假设的检验结果进行讨论。

第六章，研究结论与展望。总结本书得出的实证分析结果，在对研究结果总结和归纳的基础上，为我国大学生创业发展及提高企业绩效提出建议，阐述本书研究存在的局限和不足之处，并对未来的研究方向进行深入思考和展望。

第二章　理论回顾与文献综述

在本书整体结构中，本章是理论基础。本章首先对创业理论进行了介绍，对创业学习、创业导向以及企业绩效等相关概念进行了界定和阐述，然后对创业导向、创业学习以及企业绩效之间的关系进行了阐述，使得本书的理论框架基本形成。

第一节　创业理论

Schumpeter(1934)和Casson(1982)强调经济增长和发展会受到创业行为以及创新行为的影响，同时经济均衡状态同样也会受到创业行为和创新行为的影响。Collin(1979)在对创业行为和创业过程进行研究时，认为创业主体十分重要。通过上述分析可以看出，创业活动是一项十分复杂的系统性工程，研究视角十分丰富。所以，学界对于创业本身的定义还没有达成相应共识。但是，Gartner、Wickham等所倡导的创业模型得到了广大学者的一致认可。

1. Gartner的创业模型

20世纪80年代中期，Gartner的创业模型受到学者关注。该模型认为以下四个变量会对创业行为产生影响，一是个人，二是组织，三是环境，四是过程。根据该模型形成的相关机制和结构，使得各种要素和资源得到有效整合和充分利用。利用这四个变量可以对所有的创业行为和创新组织进行解释，并对内部复杂的关系进行清晰的剖析。

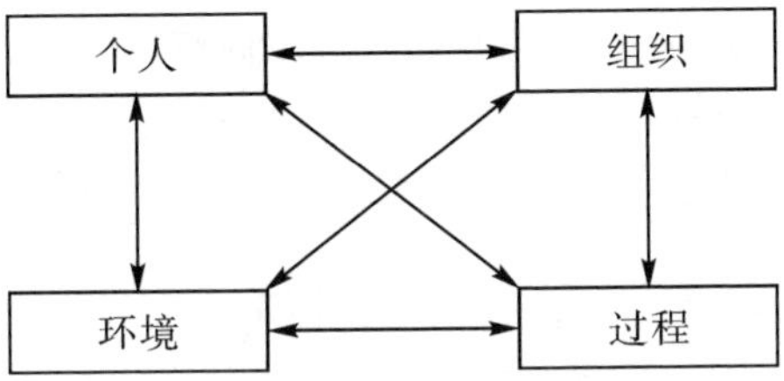

图 2-1 Gartner 的创业模型

2. Wickham 的创业模型

20 世纪 90 年代末期，该模型被提出来。该模型强调创业活动的主导者实际上是创业者。在各个创业活动和环节中，创业者是核心。创业者要在创业的过程中把机会和要素充分结合起来，最终确保创业活动取得成功。创业活动会受到创业者自身学习能力的影响，因此，从本质上讲，“持续性学习”是创业型组织的本质特征和属性。

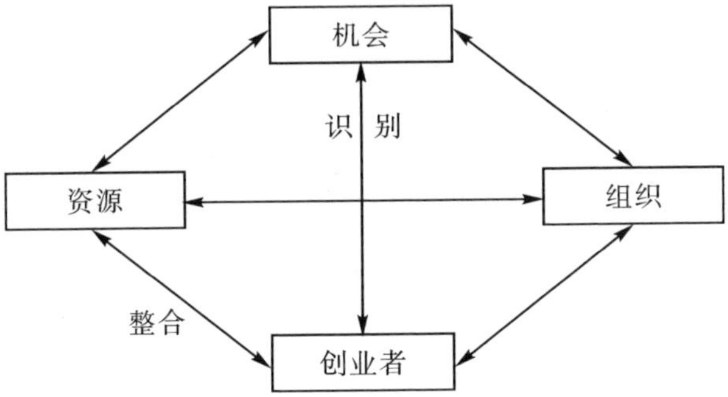

图 2-2 Wickham 的创业模型

3. Timmons 的创业模型

和 Wickham 的创业模型相比，该模型具有很多相似的地方。该模型也认为在创业活动中，处于首要地位的是创业者本身。其认为在创业活动中，存在着以下三个十分重要的关键变量，首先是创业团队，其次是创业条件和资源，最后是创业机遇。对于创业者来说，创业活动实际上就是在充分把握创业机会的基础上，创业团队把创业资源充分利用起来，最终创造出应有的价值的过程。

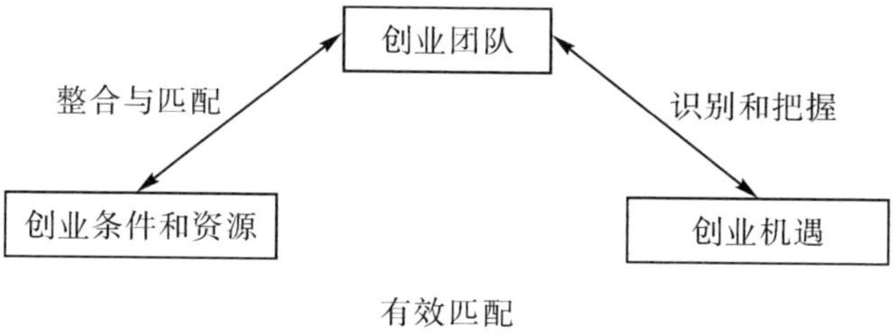

图 2-3　Timmons 的创业模型

4. Sahlman 的创业模型

Sahlman(1999)强调在创业活动中，创业者需要对以下四个关键要素进行充分掌握：一是人力资源，二是外部环境，三是创业机会，四是交易行为。创业活动实际上就是这四个方面关键要素相互适应和相互融合的过程。要想确保创业活动取得成功，必须要对这些关键要素进行协调以及有机整合。

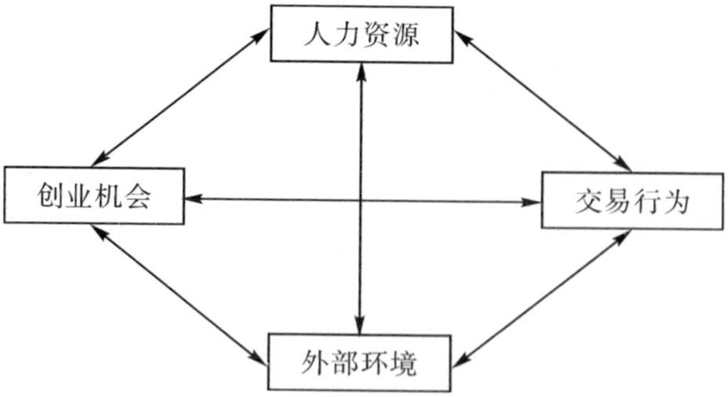

图 2-4　Sahlman 的创业模型

5. Christian 和 Julien 的创业模型

Christian 和 Julien(2000)在对之前相关研究理论继承和发展的基础上，认为在创业活动中，创业者发挥了核心和关键作用，强调创业活动就是创业者依托创业环境，把创业资源和要素充分利用进而创造出更多新价值的过程。所以，创造价值实际上是创业成功的主要标志，但创业活动实际上也会受到很多因素的影响。

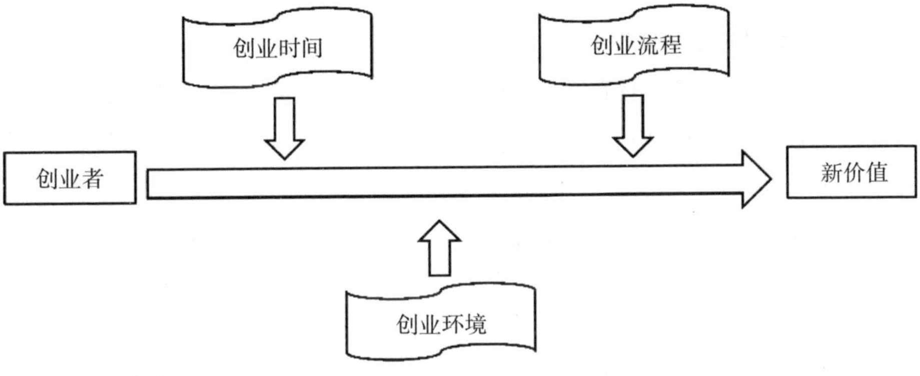

图 2-5　Christian 和 Julien 的创业模型

6. Busenitz 的创业研究框架

2003 年，Busenitz 提出了创业研究框架，涉及很多变量，不仅包括创业环境、创业团队和创业者，同时还包括创业机会以及组织模式。Busenitz 认为创业的核心是创业机会，围绕着创业机会，创业者和创业团队会开展一系列的管理活动，然后根据创业环境来制定创业战略，优化和完善组织模式，最终确保创业活动的成功。

与此同时，国内外不同领域的学者对于创业的定义进行了界定和描述。Knight(1921)对创业的内涵进行了深入剖析，认为创业活动成功率并不是百分之百，创业过程存在着一系列的风险和不确定性因素，确保风险和不确定性因素得到有效防范和消除，才能确保创业取得成功。郁义鸿

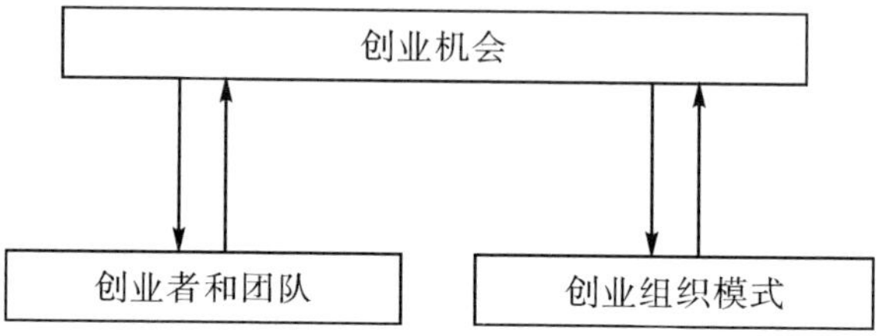

图 2-6　Busenitz 的创业研究框架

(2000)认为在创业活动中，创业者敏锐的判断力和观察力十分重要，创业者要善于把握创业机会，不断进行创新和创造，这样才能获得相应的商业价值，才能确保创业的成功。通过表 2-1 可以看出，许多学者对于创业进行了相关定义。尽管具体的定义描述存在着差异，但是对于创业活动所包含的共有因素都十分认可，不仅包括创业者和创业资源，同时还包括创业环境和创业机会。大多数学者强调，创业活动实际上是创业者在发现创业机会的基础上，整合和利用创业资源，最终创造商业价值的过程。

表 2-1　多种创业定义

学者	定　　义
Knight(1921)	要想确保创业成功，创业者对于风险和不确定性因素必须予以承担
Schumpeter(1934)	对于创业者来说，首先应该具备创新意识，不仅体现为新服务以及新市场，同时还体现为新产品、新技术以及新组织形式
Hoselitz(1952)	在面对不确定性时，可以对生产资源进行合理调配，然后把创新潜力发掘出来
Cole(1959)	简单来看，创业实际上就是创业者为了获得利益而开展的相关活动
McClelland(1961)	创业实际上是一种中度冒险行为
Casson(1982)	创业实际上是创业者整合和协调稀缺创业资源的过程
Ronstadt(1984)	在创业过程中，创业者要承担潜在的风险，但一些潜在的风险也具有创造财富的潜力

续表

学者	定　　义
Gartner(1985)	创业的过程实际上是创建新组织的过程
Stevenson 等(1989);Hart 等(1995)	在创业过程中，企业现有的资源以及传统经验都不会对创业者形成限制，创业者在创业过程中要勇于寻求、发现和利用新的创业机遇
Timmins(1999)	在创业过程中，创业主体思考、行动以及推理等行为会产生商业价值
Venkataraman 等(2000)	创业活动就是在创业过程中，发现和利用新机遇，创建新组织所开展的一系列活动

第二节　创业导向

一、关于创业导向的内涵界定

战略选择理论是产生创业导向概念的最早的理论起源。战略选择理论认为，企业进行战略选择的基础就是要进行市场分析，通过科学详细的市场分析来选择最终的目标市场。在创业过程以及创业活动中，创业导向被界定为相关行为和活动，不仅包括规划和文化，同时还包括分析和价值观等。从某种程度上来讲，创业导向也可称为“创业姿态”。在创业过程中，创业者进行经营决策的主要依据就是创业导向。从企业经营管理整体过程来分析，创业导向实际上也是企业战略管理的重要组成部分。企业需要根据创业导向来形成自身的核心竞争力，最终确保组织目标以及企业愿景尽早实现(Rauch，Wiklund，Frese，Lumpkin，2004)。

学者们对创业导向的内涵进行了大量详实的研究，得出了一系列十分重要的理论。Miller 和 Friesen(1978)认为企业战略导向选择会面临十分复杂的环境和组织结构，此外还对创业导向维度测量的定义进行了界定。

Burgelman(1983)强调充分发现和利用新机遇，然后对新资源和新条件进行有效整合，最终形成核心竞争力就是企业创业的具体过程。Miller(1983)强调企业创业行为通常具有三个层面特点，首先是创新和创造性，其次是风险性，最后是先动性。创业导向型企业对于环境的变化观察得十分准确，对于潜在的风险和不确定性敢于承担，然后通过创新流程和产品来有效应对外部挑战，最终形成自身的核心竞争力。

King Spanny 等(1988)强调创业就是对企业已经具备的能力进行再强化和再提升。这些能力可以体现在很多方面，比如创造出新产品和新服务，或者对于技术和产品进行二次开发和升级，成功开拓出新市场和新空间等。Covin 和 Slevin(1989)强调对于企业经营管理来说，创业导向会产生很多积极影响，可以帮助企业调整和完善经营战略，不断提升经营管理效率和水平，不断形成更加优秀的企业文化。Morris(1998)在对不同企业创业行为进行分析的过程中使用了多维模型，通过“创业强度”这个测量变量的引入，对创业行为进行分析，并从以下两个层面对创业导向测量维度进行细化，一是程度，二是频度。Lumpkin 和 Dess(1996)强调创业的过程十分科学和严密，决策类型、创业实践以及创业流程都会对创业活动产生十分重要的影响。

柳青(2010)就创业导向对企业战略风格的影响进行了详细描述，不仅包括敢于创新和开拓进取，同时还包括主动出击。苏晓华(2010，2011)强调创业导向实际上是企业在经营管理过程中，创业者在面临风险和挑战时，所呈现出的冒险精神和责任担当。

二、创业导向维度的测量

学者们从不同角度对创业导向维度测量进行了研究。从整体上来看，创业导向的维度测量始终处于变化的过程中。Miller 和 Friesen(1978)认为创业导向型企业具有很多特征，不仅具有风险性和创新性，同时还能对环境快速适应，对资源进行有效整合。Covin 和 Lumpkin 基于之前的研究成果，认为创业企业除了具备传统特征之外，还具备两个新特征，一是竞争侵略性，二是自治性，这就使得创业导向维度变得更加多样化。2005 年，他们又对创业导向企业的五个方面的维度进行了更详细阐述。Rauch 等(2004)对上述五个方面的因素模型开展了实证检验。

Jambulingam(2005)在上述几个维度的基础上又引入了激励性维度，认为企业应该对员工形成有效的激励，这样才能把他们工作的积极性充分激发出来。通过上述分析可以看出，现如今，对于创业导向的维度的界定，学界主要有两个派别：一个是“三维度”学派，Miller 和 Friesen(1983)是该学派的主要代表人物。二是“五维度”学派。前者强调创业导向主要涉及三个维度，首先是创新和创造性，其次是风险性，最后是先动性；后者强调除了上述三个维度之外，还包括两个维度，一是竞争侵略性，二是自治性。

在 Peter(1942)的文献中，创新性维度第一次被提出来。该文献认为企业生存和发展的动力源泉就是创新性。通过产品和服务的创新能让多元市场需求得到有效满足。企业需要基于现有资源和条件，通过加大投入来向市场推出新产品以及新服务，从而在市场竞争中占据主动地位。Garland(1984)强调创新性主要涉及两个方面特征，首先是产品、服务或者技术创新；其次是在采取创新型战略的基础上，开辟新市场，使得企业形成属于自己的竞争优势。Drucker(1985)强调创新行为可以确保企业不断进行完善和改革，使企业获得大量新资源，在此基础上不断夯实和扩大自身的竞争优势。

在和竞争对手竞争的过程中，企业先于它们推出新产品，或者优先进入新市场来形成自身的竞争优势，这就是先动性。先动性维度认为企业在竞争对手之前把新产品和新服务推进新市场，能抢占市场先机，进而确保自己的竞争优势得到巩固和扩大。Miller 和 Friesen(1978)认为在企业进行创业和创新的过程中，先动性不仅体现为新产品和新技术，同时还体现为新服务。企业在先动性的支持下可以形成一个良好的经营环境。Montegomery 等(1988)强调，对于先动性企业来说，充分把握商机是该类企业的核心特征。企业通过充分把握商机可以领先竞争对手，更好、更快地占领新市场，吸引更多的新顾客购买自己的产品和服务，进而使得这些顾客对该企业和品牌形成持久的认同感，这对于企业来说实际上是提高软实力的体现。Covin 和 Slevin(1991)强调先动性涉及以下三个方面内容，首先是竞争策略，其次是竞争状态，最后是首创精神。企业的决策选择以及决策行为会把这三个方面的内容集中展示出来。

对于创业导向型企业来说，在进行新决策以及推动新产品进入新市场过程中所面临的风险称为风险承担性。Miller 和 Friesen(1978)认为面对自身很有可能产生巨大损失的决策，企业高管仍然敢于进行投入值得称赞。根据相关的研究理论可以看出，企业创业行为会受到风险承担性十分显著的影响。但是通过实证研究发现，企业创业行为并没有受到风险承担性的显著性影响。张玉利(2006)认为创业导向包含很多的维度，同时各个维度之间并不是相互独立，而是相互促进、相互影响的。张映红(2005)利用因子分析法对创业导向维度进行了提取，主要涉及五个方面，一是创新和创造性，二是先动性，三是风险承担性，四是竞争侵略性，五是自治性。王重鸣(2006)根据我国企业的实际状况和特殊特征对创业导向的维度进行了验证(表 2-2)。

表 2-2　创业导向维度的测量

学者	维　　度
Miller(1983)	创新性、冒险性、先动性
Tan(1996)	创新性、风险承担性、超前行动性
Lumpkin 和 Dess(2001)	创新性、风险承担性、超前行动性、竞争侵略性
Kreiser 等(2002)	创新性、风险承担性、超前行动性
Marino 等(2002)	创新性、风险承担性、超前行动性
Tan(2002)	创新性、风险承担性、超前行动性、竞争略性
Sapienza 等(2005)	创新性、风险承担性、超前行动性
Walter 等(2006)	创新性、风险承担性、超前行动性、竞争侵略性

续表

学者	维度
Keth 等(2007)	创新性、风险承担性、超前行动性
Green 等(2008)	创新性、风险承担性、超前行动性
Wang(2008)	创新性、风险承担性、超前行动性、竞争侵略性
Lumpkin 等(2009)	创新性、风险承担性、超前行动性、竞争侵略性、自治性
Casillas(2009)	创新性、风险承担性、超前行动性

通过表 2-2 可以看出，学者们对于创业导向的测量维度进行了研究，通过上述研究成果可以发现，几乎所有的研究者都提出了“创新性维度”。此外，很多学者也对先动性维度以及冒险性维度十分认同。综合上述研究成果，并借鉴 Miller(1983)的研究结论，本书认为应该从以下三个维度测量创业导向，首先是创新创造性维度，其次是风险性维度，最后是先动性维度。

第三节 创业学习

广大学者都认为在创业情境中，创业学习会发挥十分独特的作用。*Entrepreneurship Theory and Practice* 于 2005 年出版专刊对这一课题进行了深入的研究。从整体上来看，创业者建立新企业的行为是不定时的，然而根据相关的研究可以看出，大部分新企业都由 25~35 岁的创业者创建。从东北师范大学发布的大学生创业报告可以看出，51.47%的 2016 届毕业生认为创业的最佳时机就是在毕业一年或三年以后。所以，很多大学生在接受完系统的高等教育以后会选择自己创业。但是也有一些大学生认为毕业以后自己缺少经验和资源，经过一段时间的积累以后才会考虑进行创业。所以，创业者实际上在创业之前就已经作好了充分的准备，不断地进行学习，为自己的创业行为积累更多的资源和经验。

一、创业学习概念

目前，很多学者从不同层面归纳和界定了创业学习的概念，表 2-3 所示就是对创业学习概念的不同界定。

表 2-3　学者对创业学习概念的界定

学者	观　　点
Rae(2000)	对于自身条件以及过去经验的不断反思，同时也对未来发展进行科学预测的思维过程
Shane 和 Venkataraman (2000)	发现机会、评估机会以及开发机会的过程
Minniti 等(2001)	充分借鉴成功创业经验，吸取失败教训，然后不断提升和扩充自己的过程
Richard(2004)	回顾、总结以及反思之前已经发生的事情，然后对相关经验进行不断总结，通过不断学习来提升自我的过程
Politis(2005)	机会识别以及克服创业劣势，然后把经验转化为知识的过程
Corbett(2007)	在创业过程中，创业者不断学习以及积累，对机会进行有效识别和把握的持续性的过程
Petkova(2009)	从整体上讲，创业学习会经历从学习到错误，再到学习的一个循环过程，在这个过程中就是对错误信息进行不断发现和处理，对知识结构不断进行完善
Holcomb(2009)	面对不确定的环境，个体通过直接或者间接的经验，以及理性的推理和判断来对自身认知结构进行不断更新和完善的过程

通过上述分析可以看出，学者们主要从创业认知层面来界定创业学习

的概念，但是并未形成共识。本书在对相关概念界定进行借鉴的基础上，认为创业学习是创业者充分把握创业机会，认真反省并自我总结过去的经验，不断获取和积累知识，确保创业者的知识结构能得到不断完善和更新的一个过程。

二、创业学习理论的提出

古典经济学的主要代表人物亚当·斯密曾把企业家称为资本家。19世纪初，法国著名经济学者萨伊对两种类型企业家进行了对比，首先是拥有巨大资本的企业家，其次是履行管理职能的企业家。对于企业家的作用和形象，无论是古典经济学家还是新古典经济学家都不重视。但是，奥地利学派强调企业家对于经济增长来说十分重要，Schumpeter 等也对企业家作用进行了详细研究，这使得创业理论体系得到不断完善和发展。

奥巴马首席经济顾问 Larry Summers 强调，凯恩斯已经不再是 21 世纪重要的经济学家，熊彼特成为新世纪重要的经济学家，经济增长内生动力的来源就是创新。世界著名经济学家 Schumpeter 强调，企业创新活动的主体就是企业家，在企业家创新和创业精神的推动下，资本主义经济实现了快速发展。Schumpeter 还认为，创新活动使得市场均衡状态被打破，让经济社会实现了可持续发展。Schumpeter 认为创新不仅包括新技术应用、原材料的开发以及企业组织形式的创新，同时还包括新产品的开发以及新市场的开拓。Schumpeter 还认为，只有创造式的毁灭才会产生机会，只有在不断发展变化过程中才能识别和把握机会。Kirzner（1973，1979，1992）对于 Schumpeter 的观点并不认同，他认为在市场均衡状态中，机会并不容易被识别和把握，只有那些保持高度警惕的创业者才能真正发现机会，获得更多的利益。Kirzner 强调创业者应该具备的一种心理素质就是创业警觉性，只有始终保持较高的创业警觉性才能真正把握住获得利润的机会。创业警觉性可以减少市场的盲目性，促使经济和市场不断趋向均衡状态。

Hayek(1945)认为，经济学的核心问题就是知识的分工，市场的发展实际上就是发现知识以及协调知识的过程。Hayek 还认为，通过知识分散，每一个社会个体都能获得相应知识，而这些分散的知识正好被整个社会所使用，进而体现出最大的价值。Polanyi(1958)认为知识分工实际上可称之为“个体知识”或者“默认知识”。Casson(1982，1997)在企业理论研究过程中加入了知识分工这一概念，他认为在社会中，总是存在着信息不对称现象，每一个个体获取知识和信息的能力都不同。所以，创业者面对复杂的创业环境，创业行为往往具有不可预期性，需要他们做出科学合理的判断以及决策。

Schumpeter 认为创业者自觉非常重要，如果单纯依靠知识和经验以及逻辑分析反而可能会使创业活动出现失败，但是如果依靠自身的预测水平和对已有事实的判断能力反而会提高创业的成功率。Schumpeter 认为创业是创业者天生的行为。但是野中郁次郎(1999)却认为个体隐性知识是创业和创新的起始点。Demsetz(1991)认为由于市场对隐性知识无法进行有效组织，这就使得市场必须要成立企业组织。在面对具有较大风险性和不确定性的创业环境时，创业者需要进行理性思考，做出科学合理的判断和决策。这个过程需要依靠异质性的知识和信息。

通过上述分析可以看出，早期的创业学习研究主要基于经济学理论，使得创业学习理论体系不断得到完善和丰富。尽管一些人天赋很强，但是欲创业成功，更为重要的是后天的学习和知识的积累。

三、国外经典创业学习理论模型回顾

在 20 世纪 60 年代，创业研究的主流理论是特质论。但是很多学者认为特质论主要是从静态层面对创业活动进行研究，非常不科学。Cope(2005)认为，从本质上讲，特质论忽略了通过不断学习提升创业和改革能力这一论断，但却使创业学习的研究有了一个全新的视角，承认人和事件存在差异性是创业研究的核心内容。创业认知理论认为，创业行动会受到创业者思维和行为的引导。通过上述分析可以看出，在认知过程中，个体会不断形成知识，然后对自身的行为和活动产生影响。此外，一些学者还从社会建构主义层面来对创业学习进行研究。本书现对以下五种国外经典创业学习模型进行介绍。

1. Kolb 的经验学习模型

20 世纪 80 年代中期，Kolb 在经过详细研究的基础上，第一次提出了经验学习理论模型。通过图 2-7 可以看出，在该模型下，经验学习主要涉及四个阶段，首先是具体经验阶段，其次是反思性观察阶段，再次是抽象概念化阶段，最后是主动实践阶段。经验学习实际上是基于经验产生新知识，然后再把这些新知识应用到经验过程中去。针对经验学习的不同阶段，Kolb 也提出了不同的学习方式，不仅包括经历和回顾，同时还包括思考以及实践。这四种学习方式和以下四种环境相对应：一是情感环境，该环境对于具体事件的经历最为关注；二是感知环境，该环境对观察最为关注；三是象征性环境，该环境对客观数据最为关注；四是行为环境，该环境对执行最为关注。在情感环境中，教师的主要责任就是帮助和引导学习者学习，让他们把自己的观点和想法充分表达出来，同时把学习结果及时向学习者反馈。在感知环境中，要求学习者对于事件间的关系进行深入理

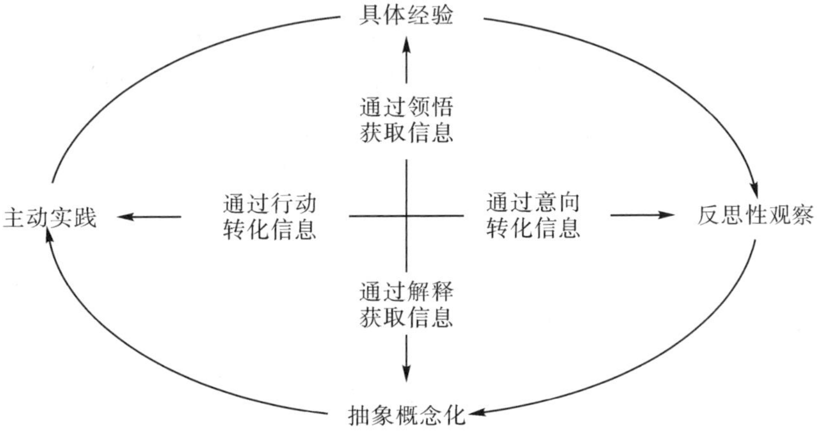

图 2-7　Kolb 的创业学习模型

解，通过信息获取以及分析来了解未来将要发生的事情，学习者探索通过新的视角来思考问题。在象征性环境中，学习者需要真正掌握解决问题的实际能力和方法。抽象和有效的客观数据实际上是信息的主要来源，学习者可以使用一些科学的标准以及规则对学习结果的正确性进行验证。在行为环境中，学习者根据掌握的知识和技能来对实际问题加以解决，教师只是发挥引导作用，学习者对自身的学习负责。

2. Politis 的创业学习模型

Politis(2005)对以前经验学习的相关理论和文献进行查阅和回顾，发现虽然国内外大量学者从不同层面对创业者经验学习进行了详细研究，然而很少有学者对“创业者经验”以及“创业者先前知识”之间的区别进行研究。Politis 通过细致观察，发现创业者创建新企业所形成和产生的经验就是先前经验。在创业学习过程中，他引入和增加了学习这个维度，这就要求创业者通过学习来识别和把握创业机遇，在学习的过程中学会如何更好地对企业进行经营管理，如何去消除不利于企业健康发展的障碍和不利因素。通过图 2-8 可以看出，Politis 的创业学习模型认为通过以下两种方式可以把先前经验直接转化为创业知识，首先是探索式学习，其次是应用式学习。先前经验涉及很多内容，行业经验、管理经验以及创业经验都属于先前经验的范畴。在探索式学习过程中，创业者对于未来事件和结果发生的可能性进行预测，在生产以及经营过程中使用新工艺和新技术，并向市场推出新产品以及新服务。应用式学习的过程实际上就是通过实践增加自己稳定经验的过程，把现有产品以及服务的最大价值深挖出来，从而消除影响企业发展的不利因素。通过对这两种学习方式的比较可以看出，探索式学习具有比较大的风险，也会产生较大成本，但是可以帮助企业巩固和扩大自身的竞争优势。在 Politis 的创业学习模型中，知识的转化会受到三个方面因素的影响，首先是之前的创业成果，其次是创业者所倾向的推理方式，最后是职业意向(图 2-8)。

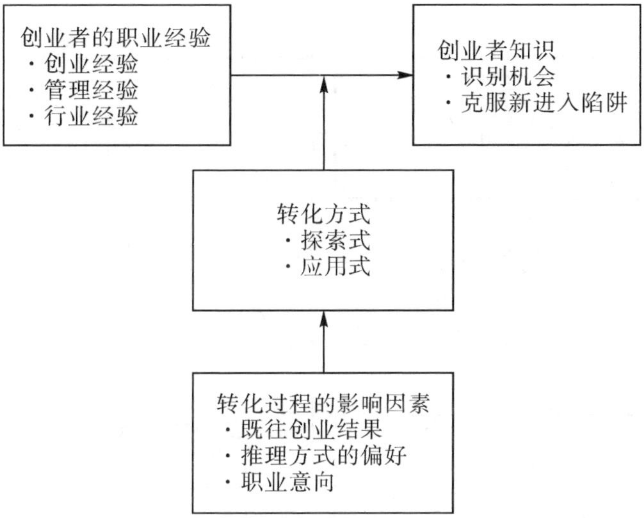

图 2-8 Politis 的创业学习模型

3. Holcomb 等的创业学习模型

通过理论和实践可以看出，如果一直处于变化和不确定的环境下，人们往往不会对做出的日常推理和判断进行系统分析。相反，人们通常会通过直觉判断来进行分析和决策。社会心理学以及创业学比较重视用直觉推断来解释创业活动。Holcomb 等(2009)认为创业学习过程中一个十分重要的解释变量就是直觉推断。基于经验学习以及替代学习，直觉推断可以实现知识的转化和积累。Holcomb 等(2009)强调，学习者通常会基于相关情境和背景来进行学习，并采取不同学习方法来获得相关知识和技能，然后再进行直觉推理和判断。

创业者后续决策行为会受到以下三种直觉推断方式的影响，首先是代表性直觉推断方式，其次是锚定直觉推断方式，最后是调整直觉推断方式。在相关情境中，第一种方式可以完成知识的转化。但是在外人看来，直觉推断往往不够科学，会产生学习偏差。通过图 2-9 可以看出，Holcomb 等的模型可以使得知识、直觉推断以及行动结果等实现有效连接，最终形成一个十分完整的学习过程。

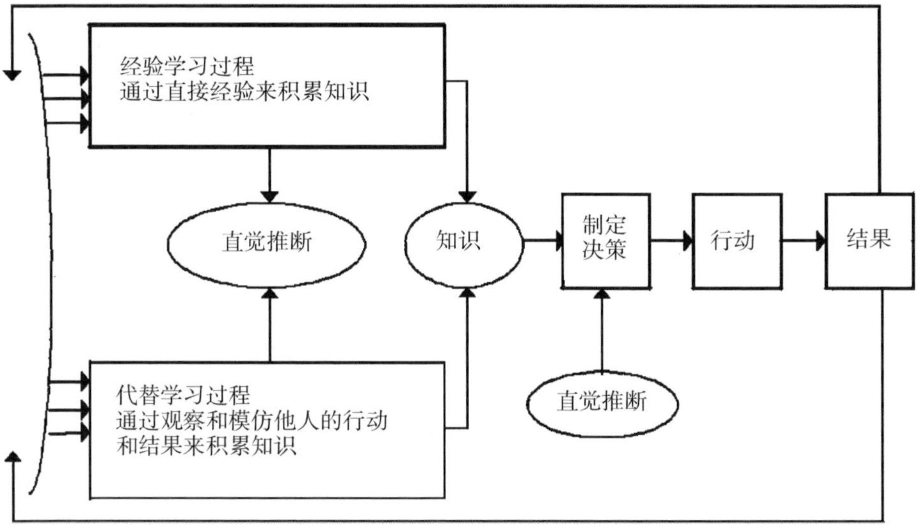

图 2-9 Holcomb 等的创业学习模型

4. Rae 的创业学习模型

通过图 2-10 可以看出，和其他几种类型的创业学习模型相比，Rae (2000) 的创业学习模型存在着很大不同。上面几种模型的理论基础是认知理论，但是 Rae(2000) 的创业学习模型的理论基础涉及两个方面，一是社会学习理论，二是社会构建理论。Rae 对创业者进行了深入访谈，然后采用叙事法把创业者的创业历程和生活故事记录下来。该模型主要涉及八个方面的主题，不仅包括自我效能、个人成就、产生经验的个体理论以及关系能力，而且包括个人价值观和动机、宏观目标的设置以及知性能力和主动学习。Rae 认为创业学习使得创业者的自我效能大大提升，产生了积极的态度。通过 Rae 的模型也可以看出，创业者实际上是通过个体角色学习向创业情境化学习进行转化和过渡，然后再向创业实践学习进行转化和过渡。创业者可以通过以下三个方面的学习来不断积累经验和知识，一是学校系统学习，二是工作经验学习，三是社会网络学习。Rae 和 Carswell

(2001)认为，对于创业者来说，在学校的系统化理论学习以及实际工作过程中经验的学习都可以为自己的创业和企业经营管理积累更多的经验和知识。Rae(2000)通过纵向研究，强调“变化”是创业学习的根本所在。创业者通过一系列环节的学习可以积累丰富的经验和知识，进而发生“变化”。创业学习不仅包括对过去经验的反思和总结，而且包括对未来结果的预测。

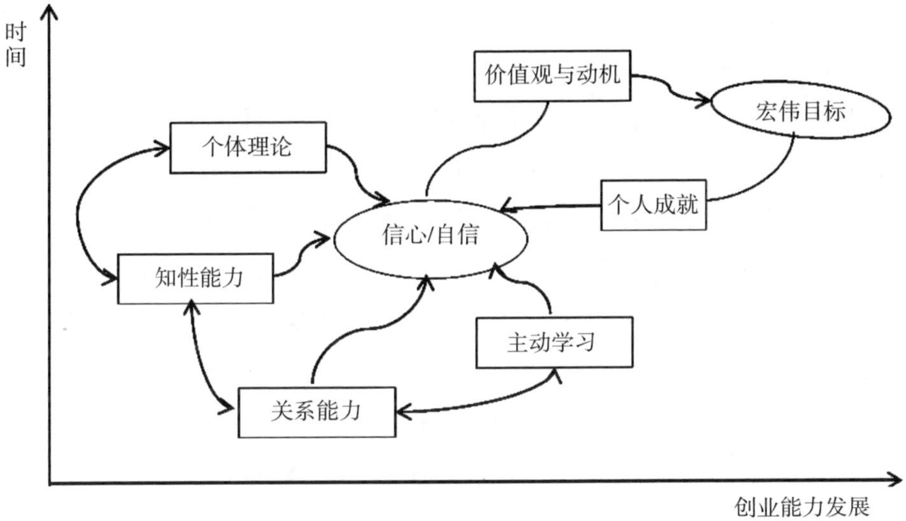

图 2-10　Rae 的创业学习模型

5. Petkova 的创业学习模型

从相关经济学家的研究理论中可以看出，对分散在市场中的隐性知识进行有效整合和利用是创业者的核心职能。创业者通过学习可以掌握对一系列企业资源进行科学合理的配置和利用的能力，这些企业资源不仅包括金融资本和战略合作者，而且包括人力资源以及有声誉的客户。Block 和 McMillan(1985)强调，新企业的创建对于创业者来说就是一次冒险性实验，企业是否成功也只能通过真实的实验进行检验。所以，从本质上讲，创业的过程实际上就是不断实验的过程。Petkova(2009)认为创业学习实际上就是学习到错误，再到学习的循环过程，在这个过程中可以实现对知识结构的更新和完善。知识结构通常包括三个部分，一是一般知识，二是专业知识，三是修正知识。在Petkova的创业学习模型下，创业学习主要包括三个阶段，一是产生创业结果阶段；二是创业者面对和应对新环境和新任务阶段，这个阶段包括很多内容，不仅包括目标制定和一般知识选择行为的应用，同时还包括创业行为的激发以及创业活动的实施；三是修正错误阶段，在该阶段，需要把错误识别出来，然后明确产生这些错误的真实原因，最后是根据相关知识对错误进行修正，进而实现对知识结构更新和完善的目的。Petkova强调，这三个阶段的创业学习过程是循序渐进的过程，明确了创业知识和认知能力对创新学习和创业结果的影响。

在之前的研究领域，学者们从很多视角对创业学习方式进行了研究和划分。Weick(1995)强调创业学习主要分为两种形式，首先是认知学习，其次是经验学习。Rae(2000)认为创业学习主要分为三种形式，首先是认知学习，Bandura(1986)首先提出了该种方式；其次是经验学习，Klob(1984)首先提出了该种方式；最后是隐含式学习，Marsick和Watkins(1990)首先提出了该种方式。Politis(2005)强调通过以下两种方式把经验转化为知识，一是探索式学习，二是应用式学习。Holcomb(2009)认为创业学习过程涉及两个部分，一是经验学习过程，二是替代学习过程。Martin(2013)认为在校学生创业学习方式也分为两种，一是知识学习，二是技能学习。国内一些学者也从多个层面对创业学习方式进行过划分。陈文婷(2010)详细研究和分析了家族第二代企业家的创业学习机制，认为创业学习方式分为三种，一是内化于经验的学习，二是教育学习，三是网络学习。

通过上述分析可以看出，在创业学习理论研究领域，产生了很多的研究理论，呈现出“百花齐放、百家争鸣”的研究现象。经济学派在提出知识分散性观点的基础上，认为创业者实际上是隐性知识的组织者，创业机会的识别和开发的差异性通常是由创业者知识差异性来决定的。心理学派认为以下几种前置因素会对创业学习产生影响：一是个体特质，二是认知能力，三是影响认知的因素。社会学派基于社会建构理论以及社会学习理论对创业主体进行了深入的访谈，通过叙事方式对他们的创业历程进行展现，进而对影响创业学习的社会因素进行分析。行为学派对创业过程给予了重点关注，以先前经验入手来对创业学习的过程以及结果产生的过程进行分析，在此基础上形成了创业学习模型。通过上述分析可以看出，不同学派对创业学习进行解释和研究的侧重点不同，这就使得创业学习理论的研究更加广泛，理论体系也更加完善和丰富。

四、创业学习的方式

1. 经验学习、认知学习与实践学习

在创业过程中，创业者最为关心的问题就是如何获得创造知识的方式。心理学领域在对个体学习方式进行研究时主要基于以下两个方面：一是经验学习，二是认知学习。个体在创业学习过程中把已经积累的经验转化为知识的过程称为经验学习。经验学习并不是单纯接纳知识的过程，而是知识接纳和转化的循环过程。在学习过程中，针对他人行为和经验进行模仿和借鉴的学习方式称为认知学习。目前，上述两个理论是创业学习理论的理论基础。在经验学习过程中，经验不仅包括管理经验，同时还包括创业经验以及行业经验。在创业学习的过程中，创业主体不仅要学习成功的经验，同时也需要充分吸取创业失败教训，避免出现创业失败。在认知学习的过程中，创业者会对创业成功者的行为进行模仿，重新构建知识结构，在这个过程中不仅涉及个人的理解和预测能力，同时还涉及认知和使用信息能力。在创业学习的过程中，个体会根据自己现有的知识体系对获得的知识进行比较分析，然后通过新知识的获取和接收来更新自己的观念，形成新的知识体系。创业环境总是处于不断变化和发展之中，在创业过程中也总是会存在很多突发事件，单单依靠经验学习以及认知学习并不能很好地规避创业风险，因此，很多学者提出了实践学习的概念，也就是

在创业过程中，创业者必须通过实践体验和经历来重新构建自己的知识体系。Greeno 认为经验学习、认知学习以及实践学习之间相互补充，并对实践学习的重要性进行了论述。

2. 个人学习和群体学习

按照企业家自身特点和学习过程之间的关系，可以把创业学习划分为两种类型，一是个人学习，二是群体学习。个人学习又分为两种类型，一是经验学习，二是模仿学习。创业者主要根据自身已有经验和知识来对创业知识进行归纳总结的过程就称之为经验学习。通过对他人行为的模仿和学习来获取创业知识的过程就称之为模仿学习。不同企业家之间通过相互交流和学习构建学习环境，使得企业家之间的经验和知识得到分享和交流的过程就称之为群体学习。本书在充分借鉴相关研究理论的基础上，把大学生初创企业的创业学习作为企业绩效和创业导向的中介变量进行研究，因此，本书基于以下三种创业学习方式来对大学生创业学习结构进行构建和衡量，一是认知学习，二是经验学习，三是实践学习。

五、创业学习研究述评

创业学习概念的提出使得传统创业静态理论得到了颠覆性变化。创业学习主要基于动态角度来对创业过程中所面临的现实问题进行研究和分析。现如今，创业学习已经成为十分热门的研究课题。通过对相关研究过程和研究结论进行回顾可以发现，学者对于创业学习的研究主要集中于对相关概念和内涵的界定以及学习模型构建和学习过程分析层面。不同领域的学者从不同角度和层面对创业学习的定义进行了界定。从目前来看，学界对于创业学习的定义还没有达成共识，在这种情况下，对于创业学习定义进行系统构建存在着一定困难。此外，对于创业的理解不够动态化也是目前所面临的一个现实性问题。对于创业学习的研究主要是理论研究，实证研究十分缺乏，导致研究理论缺少实践基础的支持，下一步需要对创业学习实践进行深入的研究。

第四节 企业绩效

一、关于企业绩效内涵的界定

在企业战略管理过程中，企业绩效是十分重要的指标，通过企业绩效可以对企业经营管理水平进行评价和衡量。学者们通过研究普遍认为，企业绩效是一个十分复杂的概念，需要通过模型的构建来对企业绩效概念进行界定。

Ruekert 等(1982)通过相关研究得到了以下三种企业绩效考核方法。首先是目标法，也就是利用企业设定的战略目标的实现状况来对企业绩效进行定义；其次是系统资源法，在对企业绩效评价的过程中主要依据企业获取和持有稀缺资源的能力来予以评定；最后是成分法，在对企业绩效进行测量过程中主要依据成员和组织之间的行为或者成员之间的行为来予以评定。

Walke(1985)则从以下三个层面对企业绩效进行了定义。首先是效率层面，也就是通过企业投入产出比对企业绩效进行衡量；其次是效能层面，通过企业产品和服务的提供来对企业绩效进行衡量；最后是适应性层面，也就是依据企业应对市场环境变化的能力来进行绩效考核。还有一些学者从以下两个层面对企业绩效进行测量：首先是财务绩效，主要通过具体的财务指标和数据对经营成果和业绩进行体现；其次是非财务绩效，主要利用“顾客基数变化”等指标对企业绩效和经营成果进行体现。

张兆国(2002)强调企业经营成果通常会通过企业绩效体现出来，不仅包括企业竞争力和经营水平，同时还包括管理层经营业绩。冯丽霞(2002)认为企业绩效除了包括经营成果之外，还包括其他相关行为和业绩。

二、企业绩效维度的测量

在相关经营周期中，企业所获得的经营效益就称之为企业绩效。企业可以根据企业绩效来对经营管理水平进行衡量。对于企业来说，绩效衡量的准确性对于企业经营管理以及决策具有十分重要的作用，因此，需要对企业绩效的准确核算进行深入的研究。如今，很多学者从不同层面对影响企业绩效的因素进行研究，得到的观点和理论存在着很大差异，目前还没有在这一研究领域达成共识。然而，大多数学者对于企业绩效测量的多维性比较认同，认为需要从多个层面和角度对企业绩效进行衡量，不能仅仅局限于各种财务指标，同时也需要使用一些非财务指标，这样才能把企业整体绩效水平体现出来。

Ramanujam 等(1986)在对企业绩效研究的过程中引入了非财务指标，他认为仅仅使用财务指标无法对企业绩效进行全面准确的考核和评价。Covin 和 Slevin(1991)认为企业绩效考核是一项多维度工程，可以通过以下两个维度对企业绩效进行测量，首先是成长性维度，其次是获利性维度。Motowidlo 和 Borman(1993)针对关系绩效以及任务绩效间的关系开展了深入的分析。Lumpkin 和 Dess(1996)强调企业绩效主要涉及两个方面，一是财务绩效，二是成长绩效。Chrisman 和 Bauerschmidt(1998)认为应该从以下两个方面对企业绩效进行评价，一是生存方面，二是成长方面。

Yusuf(2002)在对企业获利性绩效进行研究时主要使用以下三个指标，首先是固定资产收益率，其次是销售利润率，最后是投资报酬率。他之后在对企业成长性绩效进行研究时使用了以下三个绝对指标，一是销售增长额，二是利润增长额，三是员工人数。Zahra(2002)选用以下七个指标对企业绩效进行衡量，不仅包括销售增长、员工数量增长以及经营者近期向企业进行的投资，同时还包括市场份额增长以及边际净利润等。

Ciavarella(2004)利用多种因素增长率来对企业成长绩效进行测量，不仅包括员工数和销售额，同时还包括企业利润，但是这种测量方法比较主观。Halberstadt(2005)设计出了企业绩效量表，量表不仅包括财务指标，同时还包括市场指标，通过财务指标可以对企业成长性以及获利性进行衡量。

Web(2005)对财务绩效和成长绩效两者之间的关系进行了研究和论

证，强调企业成长绩效最终会体现为财务绩效，财务绩效的增长同时也会为企业的成长和发展提供更多的支持。Shepherd 认为一些企业经营管理者为了在短期内获得利润，会选择牺牲成长绩效。

丛佩华(1997)提出了衡量企业绩效的财务评价指标体系，该体系包括很多财务指标，其中主营业务收入和利润率、资本周转加速率以及净资产收益率等都是十分典型的财务指标。冯丽霞强调企业绩效主要涉及两个方面，首先是行为导向绩效，其次是结果导向绩效。马璐(2004)强调企业绩效主要包括两个维度，首先是经营绩效，其次是管理绩效。

沈超红和罗亮(2006)基于平衡计分卡对企业绩效评价体系进行了改进，认为企业绩效考核指标主要包括两个方面，一是财务指标，二是非财务指标，其中非财务指标主要涉及三个层次，一是顾客，二是内部经营，三是员工。李蓉(2007)同样也基于平衡计分卡构建了多维度企业绩效考核指标体系，同时对该体系进行了改进和完善。其中，财务绩效指标不仅包括营业利润以及总资产收益率，同时还包括销售收入以及销售利润；非财务指标不仅包括员工数量以及企业成长度变化方向，同时还包括客户忠诚度改善等。

表 2-4　企业绩效维度的测量

学者	维度
Ramanujam 等(1986)	财务绩效、营运绩效、组织效能
Covin 和 Slevin(1991)	获利性、成长性
Motowidlo 和 Borman(1993)	任务绩效、关系绩效
Lumpkin 和 Dess(1996)	财务绩效、成长绩效
Chrisman 和 Bauerschmidt(1998)	生存性、成长性
Yusuf(2002)	获利性、成长性

通过表 2-4 可以看出，学者们基本上采用多维度方法对企业绩效进行测量和评价。在众多维度指标中，财务指标地位非常突出。但是我们也应

该清楚地认识到，财务指标仅仅对短期营利性进行了考量，但是对于企业长期成长性以及存续能力的关注程度不够。所以，本书在研究和分析的过程中借鉴了 Lumpkin(1996)等人的研究成果，在对企业绩效进行测量时选取了两个方面的维度指标，一是财务表现，二是成长性表现。

第五节　创业环境

一、关于创业环境内涵的界定

在传统的组织理论看来，组织必须去适应的所有的外部条件就称之为环境。一些学者把环境划分为三大层次，一是个人层次，二是功能部分层次，三是组织层次。同时这三大层次包含 12 个具体部分，组织在进行决策的过程中需要对所有因素进行充分考虑(Duncan，1972)。

Bruno 和 Tyebjee(1982)强调创业环境主要由 12 个因素构成，其中新市场、有经验的创业者以及娴熟劳动力等都是十分重要的环境因素。Fogel 等(1994)认为在创业过程中，所有因素的总和就称之为创业环境。从整体上看，很多领域会对创业环境产生影响，政治领域、金融领域以及创业和管理技能领域等都是影响创业环境的重要因素。Fred(2000)强调创业环境涉及很多领域，其中经济政治领域、金融和非金融领域、政策领域以及管理技能和创业领域等都是创业环境的重要因素。他强调创业环境主要包括三个部分，首先是经济环境，其次是政治环境，最后是文化环境。Reynolds(2000，2001，2002)认为一个国家需要从多个方面着手来创建创业环境，不仅包括资金使用条件、政策制定、进入壁垒以及培育商业环境，同时还包括政府项目立项、市场变化以及基础设施建设等。

Lumpkin(2001)认为企业可以从外部环境来获取相关信息，然后在分析这些信息的基础上来进行决策。具体来看，企业环境可以划分为两种类型，一是动态外部环境，二是敌对外部环境。Fogel(2001)指出，在创业过程中，一些发挥出相关作用的要素的组合就称之为创业环境。Clarysse 和

Heirman(2002)认为创业环境主要包括三种，一是隐性环境，二是显性环境，三是支持性环境。Korsching 和 Auken 认为创业环境可以划分为两种类型，一是必要性环境，二是支持性环境。Scott Shane(2003)认为企业创业环境涉及经济、政治以及文化各个领域。

国内学者也对创业环境开展了分析研究，得出一系列重要结论。朱仁宏(2004)认为创业环境主要包括两种类型，首先是一般环境，其次是创业环境。具体来看，政治经济、文化、社会以及制度等都是构成一般环境的重要因素。创业环境主要是和创业者自身相关的微观环境，不仅涉及金融环境和经营环境，同时还涉及技术环境。叶依广等(2004)根据范围把创业环境分为两种，一是内涵部分，二是外延部分。创业环境的创建和优化为创业者搭建起了更好的创业平台。

蔡莉等(2005)认为从宏观层面来看，创业环境涉及七个方面的要素，不仅包括政策和法律环境、社会服务环境、科技应用环境以及外部市场环境，同时还包括金融环境、社会文化环境以及人才和教育环境。

蔡莉、崔启国和陈巍(2006)认为创业环境涉及六个方面，其中市场环境、科技环境以及政策和法律环境等都是十分重要的方面。蔡莉、崔启国和史琳(2007)强调创业行为会受到创业环境很大的影响，一个完整的外部环境通常会包含多个外部影响因素。郑炳章和赵磊(2008)根据系统理论把创业环境分为两种类型，首先是内部环境，其次是外部环境。外部环境主要涉及以下三个方面的要素，首先是宏观环境，其次是自然环境，最后是市场环境。

二、创业环境维度的测量

通过上述分析可以看出，国内外学者对创业环境维度进行了详细分析和归纳，尽管划分的维度和标准不同，但大多数学者都认为创业环境的维度具有多样性特征。Thompson 使用二维度法对创业环境维度进行划分。Shortell(1977)使用六维度法对创业环境维度进行划分。其他大多数学者则利用三维度法对创业环境维度进行划分。

Child(1972)除对复杂性以及可变性两个维度进行延用之外，还引用了稀缺资源可获得性这一维度。Miller 和 Friesen(1982)在对企业外部环境进行描述的过程中使用了以下三个维度，首先是动态性维度，其次是敌对性维度，最后是异质性维度。

Dess 和 Beard(1984)在对创业环境进行定义的过程中使用了以下三个维度，首先是宽松性维度，其次是复杂性维度，最后是动态性维度。宽松性维度意味着在创业过程中所使用资源的便利程度。动态性维度主要是指创业环境的变化频率以及幅度。复杂性维度就是创业环境究竟包括多少复杂的因素，同时这些复杂因素之间有哪些联系以及差异性。

Tan(1993)选取了我国经济结构调整和转型升级过程中的一些企业作为研究样本。这些企业具有一定的特殊性，他在对这些企业战略管理进行研究的过程中，提出了创业环境的具体衡量指标，不仅包括稀缺性指标和复杂性指标，同时还包括动态性指标。Lumpkin 和 Dess(2001)在对企业绩效和创业环境之间关系进行研究的过程中提出了两个方面的特征，一是动态性特征，二是敌对性特征。Justin 和 Davis(2003)强调环境不确定性主要体现在以下三个层面，首先是宽松性，其次是动态性，最后是复杂性。

表 2-5 创业环境维度的测量

学者	维度特征
Child(1972)	可变性、复杂性、丰裕性
Miller 和 Friesen(1982，1983)	异质性、敌对性、动态性
Dess 和 Beard(1984)	宽松性、复杂性、动态性
Tan(1993)	复杂性、稀缺性、动态性
Lumpkin 和 Dess(2001)	动态性、敌对性
Justin 和 Davis(2003)	宽松性、动态性、复杂性

表 2-5 对学者们所使用的创业环境的划分维度进行了总结，通过表 2-5 可以看出，大多数学者认为以下两个维度可以对创业环境进行充分体现和

反映，一是环境变化频率，二是环境竞争恶劣程度。因此，本书在对Lumpkin 和 Dess 等的研究成果借鉴的基础上，对创业环境测量使用了以下两个维度，一是动态性维度，二是敌对性维度。

第六节　创业学习、创业导向与企业绩效的关系研究

一、创业导向与企业绩效关系的文献回顾

现阶段，学者们主要针对以下几个问题来探讨创业导向和企业绩效之间的关系：企业绩效如何受到创业导向的影响；创业导向是否可以通过中间路径向企业绩效进行转化；创业导向和企业绩效之间的中介变量有哪些，这些中介变量如何发挥作用。在早期的研究过程中，学者们主要对创业导向对企业绩效产生的直接影响进行了重点研究，通过研究发现创业导向和企业绩效之间存在着线性关系，有可能是正向关系，也有可能是负向关系。还有一些学者认为两者之间存在着非线性关系。

Peter 和 Waterman(1982)强调企业的创业行为会使得企业财务绩效不断提升。Schollhamer(1982)和 Berger(1983)都认为创业导向可以帮助企业形成自己的核心竞争力，可以不断提升自己的财务绩效。Lussier(1995)选取创新型企业或者小规模企业为研究对象，通过研究发现，和竞争对手相比，存在创业导向的企业能获得更加明显的竞争优势。Morris 和 Sexton(1996)选取美国 50 家小企业作为研究对象，通过研究发现，创业导向变量会对企业的很多绩效指标产生显著的正向影响，这些指标不仅包括顾客数量以及销售增长率，同时还包括企业员工数量等，但是创业导向变量和企业利润增长率之间不存在显著的相关关系。

Zahra 和 Covin(1996)对创业导向和企业绩效间的关系进行了首次直接验证，通过验证发现，创业导向和企业绩效之间存在着显著正向关系，同时企业财务绩效会受到创业导向很大的影响。然而 Wiklund(1999)在对瑞典样本企业进行研究后得出截然不同的结论，那就是创业导向对企业短期

财务绩效不会产生显著影响，但是会对企业长期财务绩效产生显著影响，所以，创业活动实际上属于一种长期的战略选择。Wiklund 和 Shepherd(2003)在对瑞典中小企业进行实证分析时通过扩大样本数量，发现创业导向实际上是跨国企业进行市场战略布局的重要方式，它可以为企业带来更多的绩效。Rauch 等(2004)对前人关于创业导向和企业绩效之间关系的研究成果进行总结和回顾，发现大部分学者认为创业导向会对企业绩效产生正向影响。

国内一些学者也对创业导向和企业绩效之间的关系进行过研究。焦豪、周江华和谢振东(2007)选取北京以及上海等多家企业为研究对象进行实证研究，发现创业导向的实施可以帮助企业提升自身绩效。

在创业导向和企业绩效之间存在着很多中介变量，不仅包括市场导向、组织学习以及动态能力，同时还包括双元能力以及资源整合。针对这些中介变量，国内外学者开展了大量的研究，得出一系列十分重要的理论。Lumpkin 和 Dess(1996)认为对资源进行有效整合可以帮助企业进行创新和创造，不断提升创业成功率，中介变量可以把创业导向更加快速和有效地转化为企业绩效。Martsun(2002)强调企业战略导向主要包括两个方面，一是创业导向，二是市场导向。企业通过战略导向可以把资源进行有效整合和利用，最终形成属于自己的核心竞争优势，它对企业绩效产生正向影响。Jantunen 等(2005)从两个层面对企业创业导向和企业绩效之间的关系进行研究，通过数据分析得出，企业绩效不仅受创业导向的显著影响，同时还会受到动态能力的显著影响。夏霖和陆夏峰(2006)认为，企业经营管理和企业绩效会受到中国文化的深远影响，简单地使用线性关系对创业导向和企业绩效间的关系进行研究通常不够全面。张玉利、李乾文(2006)对我国企业创业导向的独特维度结构进行研究，认为在创业导向和企业绩效之间存在着以下两个方面的中介变量，一是探索能力，二是开发能力。魏江和焦豪(2007，2008)强调组织学习也可以发挥出有效的中介效应，企业可以通过文化建设来不断提升所有员工的学习能力，进而不断提升绩效水平。姚先国(2008)认为以下两个维度在创业导向和企业绩效之间发挥着中介作用，一是网络战略，二是企业战略匹配。张玉利、杨俊等(2008)选取江苏省600多个企业为研究对象，通过研究发现企业资源获取能力，也就是动态能力可以帮助企业把创业导向更好地转化为企业绩效。

二、创业导向与创业学习关系的文献回顾

创业导向与创业学习之间的关系比较难以界定。本书基于现有研究理论，同时根据组织学习理论，把学者们的研究结果总结为以下几个方面。

首先，创业的过程不仅仅是整合和利用资源的过程，实际上也是获取知识的过程。其可以通过多个方面来获取知识，不仅可以通过顾客和供应商获取，也可以通过政府以及竞争对手来获取。知识的获取并不是机械地照搬和学习，而是需要把获取的知识进行消化和吸收，最终形成属于自己的知识体系和结构。在具体分析如何利用社会资本形成自己竞争优势的过程中，创业学习通常被认为是中介变量，并以其来对创业导向进行预测。创业学习可以帮助企业形成新的竞争力，可以帮助企业不断进行产品创新和业务创新，形成新的经营模式。通常来说，个体、组织或者群体通过多种学习方式来获取新知识，这些方式不仅包括实验和培训，同时还包括分析、指导等。

其次，公司创业(创业导向)属于一种超前行为，具有一定的风险性，同时也是在面对竞争时所采取的一种积极行为。企业的生存发展以及企业绩效都会受到企业创新活动的影响。从企业资源层面来看，创业的过程就是积累、转化以及使用资源的过程，在这个过程中，企业可以不断获取新知识。20世纪90年代末期，Zahra认为即使创业活动不够正式，但仍可以获取新知识，并激发企业的潜力和能力。Dess等通过研究发现，企业创业活动可以把新知识和新能力开发出来，同时为企业的健康发展注入强大的内生动力。所以，创业可以帮助企业获得更多知识，同时还可以在实践中运用和检验这些新知识的科学性以及有效性。国内也有一些学者的研究观点和上述观点相似。

最后，公司创业是一个十分复杂的综合性活动，包括很多环节，不仅

包括创新和风险承担，同时还包括战略更新以及积极竞争。这些环节实际上都是在创造知识。从整体上来看，创业不仅是对资源的整合和利用，更为重要的是还可以实现对知识的转化，最终形成新的知识体系。Yiu (2008)等基于动态能力理论提出了相关的创业模型，认为创业导向实际上也是创业学习的过程。从本质上讲，创业实际上就是整合和有效利用资源的过程。

基于上述分析，本书认为创业导向和创业学习之间存在着显著的相关关系，通过创业导向，企业可以实现知识的获取和积累，同时又把这些知识更好地应用到实践当中，从而不断提升企业自身的核心竞争力。

三、创业学习与企业绩效关系的文献回顾

对企业来说，创业学习至关重要，它不仅可以确保企业更好地适应创业环境，同时还可以通过获取知识和能力来深化学习。由于创业学习具有双环路特征，这就使得企业在创业学习的过程中能打破传统思维的束缚，形成新经验，获取新知识。对于新企业来说，创业学习的根本目的就是为了提升自身的核心竞争力，获取更多的经济利益。很多学者通过实证研究，对经验知识对企业成长产生显著性影响进行了验证。Minniti 和 Bygrave 强调创业使得传统知识体系得到完善和更新，进而使企业发展战略得到进一步修正和完善，最终促进企业绩效水平不断提升。Yang 等通过研究发现，经验的获取以及经验强度的提升等都可以使企业的评估能力不断提升，并在短期内使得财务效益得到提升，同时也能对长期绩效产生积极影响。

因此，对于创业者来说，创业学习可以提升灵活应对经营环境变化的能力，有效解决突发问题。哈耶克和米塞斯等奥地利经济学家强调，市场实际上是始终处于不断变化的，每一个市场参与者在经营和获利过程中都获得了新知识，都完成了知识的积累。由于自身知识存量不足以及市场总是存在着信息不对称现象，所以创业者自身对于创业机会始终保持较高的警惕性。此外，在激烈的市场竞争中，套利者以及价格调整者往往会利用

信息不对称来获利。因此，对于企业来说，可以通过创业学习来实现信息和知识的转化，充分利用新机会和新资源，最终确保创业过程中出现的相关问题得到有效解决。

通过上述分析可以看出，在对创业导向研究的初级阶段，学者们主要对创业导向和企业绩效之间的关系进行重点研究，随着研究范围的不断扩大，学者们开始从不同层面引入中介变量进行研究。近年来，创业学习已经成为一个十分热门的研究课题，因此，本书对创业学习在创业导向和企业绩效之间发挥的中介作用进行研究具有重大的理论研究意义。

第三章 理论分析与研究假设

第一节 研究范围的界定

一、大学生及大学生创业

1. 大学生

关于大学生的定义，教育部有一个明确的界定，即大学生是指在高等院校接受高等基础教育未毕业的在校学生，具体包括专科生、本科生、研究生(硕、博)。因此，本书也以此界定大学生群体的范畴。需要说明的是在大学生创业群体中比较突出的是 MBA 专业硕士学生，而专业硕士也属于硕士研究生的一种，故将专业硕士大学生也纳入研究范围。

2. 大学生创业

对于如何界定大学生创业，国务院办公厅在《关于加强普通高等学校毕业生就业工作的通知》及教育部在《教育部关于大力推进高等学校创新创业教育和大学生自主创业工作的意见》中对大学生创业作了具体说明，即大学生创业是指高校大学生在读期间开始创业及毕业后未就业即开始创业。同时，文件还规定创业大学生在一定年限内可继续在归属高校的孵化基地、创业园、科技园及众创空间等孵化平台继续从事创新创业活动，并享有同等待遇。因此，本书根据以上文件内容将大学生创业者界定为高校在读大学生创业者及毕业后未就业而直接开始创业的高校毕业大学生。需要说明的是，由于本人主要从事大学生创业园、孵化基地的管理工作，基于便利原则，对于毕业后马上开始创业的毕业大学生样本的选择全部基于在全国各大高校的孵化基地、创业园、科技园及众创空间等高校孵化平台内进行创业活动的创业大学生。

二、大学生初创企业

初创企业是指创业者通过敏锐的市场洞察力，对商业机会进行识别和把握，同时把自身资源进行很好整合来创建一个经济实体。根据艾迪斯(2004)的企业生命周期理论，初创企业包括孕育期、婴儿期和学步期的企业。也就是说，初创企业一般是指那些处于起步阶段的企业，包括企业的筹备期及起步期，其年龄范围一般在 1～3 年(Chrisman 等，1998)。国家也对大学生初创企业作了界定和说明。国务院在《关于深化高等学校创新创业教育改革的实施意见》及《关于建设大众创业万众创新示范基地的实施意见》中都对大学生初创企业作了说明。教育部主办的国家层面的大学生创新创业大赛，即“中国大学生互联网+创新创业大赛”，在对大学生初创企业的规定中，在企业成立年限上也规定为 3 年以内的大学生企业，因此，本书将研究对象界定为创建时间少于 3 年的大学生企业。

第二节　创业导向、大学生创业学习和初创企业绩效关系的理论分析

一、创业导向对初创企业绩效影响的理论分析

关于创业导向和企业绩效关系目前在学术界尚未形成统一的研究结论，但是大多数学者的研究都表明它们两者之间存在着正向相关性。创业

导向是企业战略非常重要的组成部分，它有助于企业在激烈的市场竞争中获得比较好的竞争优势，并对企业经营绩效产生正面的影响。企业导向具有创新性、冒险性和先动性等特征，可以引导企业迅速抓住市场机遇，率先做出战略决策，从而根据市场需求提供新的产品或服务以获得竞争优势，抢占市场份额。

首先，创新性是衡量企业成长性的重要指标，同时是企业获得收益的重要源泉。创新性指的是企业紧跟时代的发展潮流，以消费者需求为导向，不断研发和提供满足消费者需求的新产品和新服务。创新性意识较强的企业市场嗅觉更灵敏，往往通过迅速调整企业生产经营策略，抢先研发新产品和提高服务水平来获得更多消费者的青睐，进而抢占更多的市场份额，这也使得企业可以在初创期获得较好的企业绩效。

其次，冒险性是指在面对环境变化或者未知领域时，企业把握机会的倾向程度。冒险性倾向高的企业，在企业遇到不可预测的风险时，能积极适应外部环境的变化，及时做出有利于企业平稳发展的有利决策，并在此过程中将负面影响尽力消除甚至扭转为正面影响。企业所具备的迅速调整战略的能力与企业自身的文化存在密不可分的关系(Polly，1999)。研究还进一步发现企业文化的差异性必然会引起企业决策冲突，但也正因为这种冲突的存在促使企业在危机时能发挥冒险性的功效。

再次，先动性是指当企业所面临的内外部环境发生变化时，企业往往能占据先发优势，抢先在竞争对手之前采取应对措施，积极开拓新市场，并将新产品和新服务快速投入市场当中获得竞争优势(Zahra & Covin，1995)。

因此，先动性是创业型企业能立足于市场获得成功的重要特质，它可以为企业带来可观的经济收益(Chen，1995)。

通过上述理论分析发现，创业导向有利于企业提升企业绩效，它是企业获得成功的重要影响因素之一，因此，本书将创业导向对初创企业绩效的影响路径绘图如下(图 3-1)。

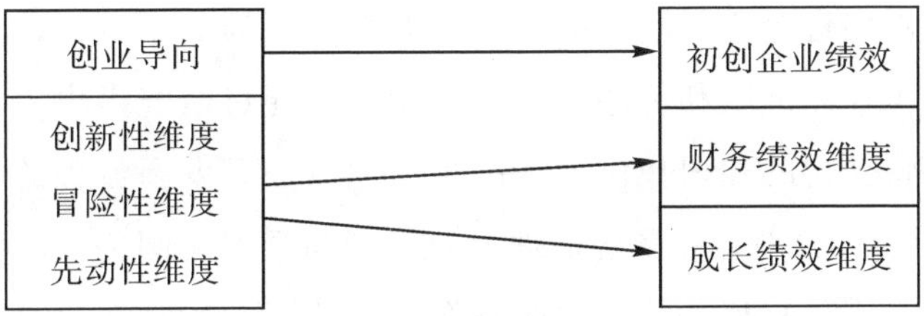

图 3-1 创业导向对初创企业绩效的影响路径

基于以上理论分析及模型构建，本书提出如下假设：

H1：创业导向对初创企业绩效存在显著的正向影响

H1a：创新性越强，初创企业的财务绩效越高

H1b：冒险性越强，初创企业的财务绩效越高

H1c：先动性越强，初创企业的财务绩效越高

H1d：创新性越强，初创企业的成长绩效越高

H1e：冒险性越强，初创企业的成长绩效越高

H1f：先动性越强，初创企业的成长绩效越高

二、创业导向对大学生创业学习影响的理论分析

目前，学者们对创业导向和创业学习之间的关系研究还处于起步阶段，关于两者维度间关系的研究还需深入挖掘，但是从总体上看，已经有学者对创业导向与创业学习之间的关系进行了论述和验证。

Zahra(1999)在研究中指出创业导向会促进知识的进一步流动、传播与扩散，从而促使企业不断探索学习，推陈出新。研究结论通过构建“创业导向、知识学习和组织能力发展”三者之间的循环模型加以论证。Dess 等(2003)在前人的基础上对创业导向与企业创新学习的作用机理进行了实证研究，研究认为，企业中具有浓厚的创新氛围，有利于提高创业企业的工作计划和制度的实施效率，浓厚的创新氛围对学习产生的促进作用是正向的。Zahra 等(2006)在前人的研究基础上深入探讨了创业导向对学习产生

作用的机理，认为企业坚持实施以创新型、先动性和竞争积极性为特征的企业导向可以促进企业各职能部门之间的相互沟通与学习，进而促使企业的信息和知识在内部顺利传递。Lestien(2007)通过研究指出，创业导向可以促使企业将获得的知识转化为新产品研发以及开发新流程的能力。国内学者魏江和焦豪(2008)在系统梳理创业导向与学习之间关系的基础上提出创业导向对学习具有显著的正向促进作用。林筠(2009)在研究中指出创业导向与其他的企业战略相比，需要投入更多的资源，因为其具有创新性、先动性、冒险性以及竞争积极性等方面的特征。创业过程中资源是具有稀缺性的，必然会对企业的市场开拓、产品研发等创业行为产生约束。创业导向具有多个维度，创新性会推动企业不断更新观念，学习新知识新理念，因此，学习的动力和欲望会更强；先动性促使企业可以率先获得外部的创业机遇，其中包括对新知识资源的识别以及前沿新技术的获取机会；冒险性意味着企业在资源投资上相比于其他企业更具有冒险精神，敢于开拓进取，敢于投资，从而可以促使企业提高知识的吸收和转化能力，进而提升企业的市场竞争力；竞争积极性往往会使企业具有强烈的忧患意识，从而产生强烈的竞争欲望以期抢占市场份额，因此企业希望可以通过学习来推进企业的进步并获取竞争优势。

上述研究均认为创业导向有助于创业学习的提升，因此本书对创业导向和大学生创业学习的关系绘图如下(图 3-2)。

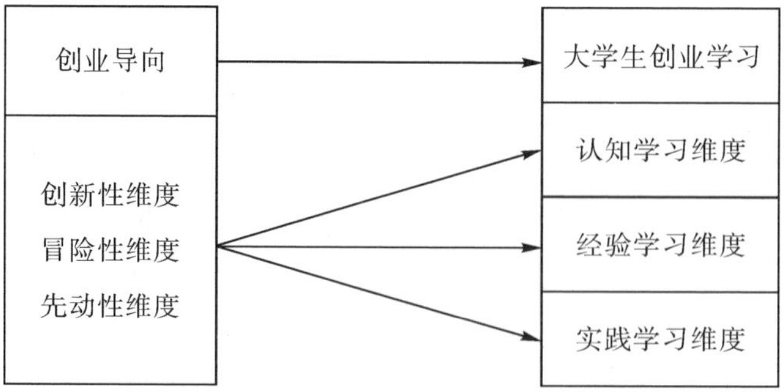

图 3-2　创业导向对大学生创业学习的影响路径

基于以上理论分析及所建模型，本书提出如下假设：

H2：创业导向对大学生创业学习存在显著正向影响

H2a：创新性越强，认知学习越高

H2b：冒险性越强，认知学习越高

H2c：先动性越强，认知学习越高

H2d：创新性越强，经验学习越高

H2e：冒险性越强，经验学习越高

H2f：先动性越强，经验学习越高

H2g：创新性越强，实践学习越高

H2h：冒险性越强，实践学习越高

H2i：先动性越强，实践学习越高

三、大学生创业学习对初创企业绩效影响的理论分析

通过对文献进行梳理以及分析整体框架可知，创业学习对企业绩效有正向影响，创业学习与创业绩效之间存在非常密切的关系。

认知学习是企业通过各种渠道在创业的过程中不断学习和获取新知识的行为。创业学习是一个动态的学习过程，企业能否有效识别创业机会取决于其所拥有信息的广度和深度。与此同时，创业企业在学习的过程中会进行信息的搜集与整理，从而构建具有自身特色的社会关系网，通过该关系网使得合作者之间的交流更加紧密，对彼此的行为理解程度也会不断加深，从而有效促进了信息的交流和知识的转移。通过信息的流通可以促使企业做出科学合理的决策，进而在市场中获得高效益的回报。资源基础观（RBV）也指出，认知学习与企业绩效的关系密切，加强认知学习可以加快企业内部知识的集聚与扩散，并且可以提高企业信息来源的可信度，降低信息的加工成本，从而有利于提高企业的绩效。

实践学习是企业为了有效应对环境的不确定性，在创业的过程中不断摸索，积极尝试新的经营策略并将知识应用于实践的过程中。学者 Napoli（2002）以及 Nicholls-Nixon（2000）研究发现，创业企业的实践活动有助于提

升企业的绩效，具有较为明显的促进作用。此外，还有学者指出，创业学习是一个动态的学习过程，要跟随企业内外部环境的变化而主动尝试新的方法、规则和技能，以解决企业存在的问题，有效促进企业的发展与壮大。因此，实践应用活动与企业绩效之间存在密切的关系。

反思创业行为是经验学习的关键所在，它强调创业企业对过去发生的事情要进行深入的思考和总结并寻找其发展规律。创业企业在发展过程中经验的积累主要来源于对过去发生的影响企业生存发展的关键事件进行反思，探寻其潜在的规律，并进行总结，从而避免再犯相似的错误，降低未来经营管理的风险，有效促进企业绩效的提升。此外，实践是检验真理的唯一标准，创业过程中的各种设想需要通过实践来检验其正确性，而在创业过程的最后，创业者又会对关键事件进行反思，从而获得新的知识。这之间是一种相互循环的过程，可以有效促进新理念的产生并推动创业。因此，经验学习与企业绩效之间存在着密切的相关关系。

通过上述理论分析可得出，创业学习可有效促进企业绩效的提升，因此本书对大学生创业学习和初创企业绩效之间的关系绘制如下影响路径图(图 3-3)。

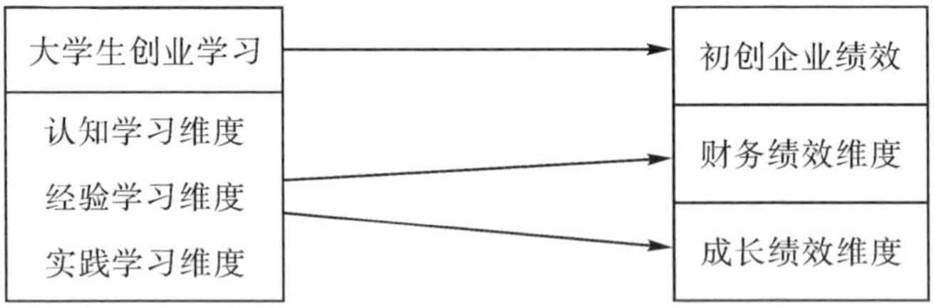

图 3-3 大学生创业学习对初创企业绩效的影响路径

基于以上理论分析及模型构建，本书提出如下假设：

H3：大学生创业学习对初创企业绩效存在显著正向影响

H3a：认知学习越强，初创企业财务绩效越好

H3b：经验学习越强，初创企业财务绩效越好

H3c：实践学习越强，初创企业财务绩效越好

H3d：认知学习越强，初创企业成长绩效越好

H3e：经验学习越强，初创企业成长绩效越好

H3f：实践学习越强，初创企业成长绩效越好

四、大学生创业学习对创业导向与初创企业绩效中介作用的理论分析

随着研究视角不断拓宽，学者们发现创业导向如何转化为企业绩效的问题已经不能单纯依靠传统研究中使用的双变量模型，在研究过程中发现还存在一些中介变量，对两者之间的关系起到调节作用。研究还发现第三方调节变量主要由组织变量和环境变量组成，而环境变量则包括创业宏微观环境、政府政策、行业特征等。但是随着研究的深入，创业导向与企业最终价值创造之间的转化媒介这一“黑箱”问题始终得不到很好的解决(Busenitz，2003)。此外，学者们认为研究创业导向如何转化为企业绩效时，还需要考虑双元能力、动态能力等中介变量在二者之间的转化作用(Lumpkin & Dess，1996；Matsuno，2002；魏江和焦豪，2008；胡望斌和张玉利，2009 等)，研究发现创业导向可以帮助企业提升企业的创业学习能力，而通过创业学习能力的提升可以促使企业把握市场动态，及时调整经营策略并最终赢得竞争优势，给企业带来丰厚的市场利润，并提升经营绩效。

大量的理论和实证研究显示创业活动与企业绩效之间存在第三方变量，该变量对创业活动与企业绩效之间的关系具有较为重要的影响，其影响程度的大小会导致企业的绩效发生变化。Jantunen(2005)研究指出创业导向和动态能力对企业绩效有显著的影响，研究结论主要来源于对创业导向、动态能力与企业绩效之间的关系进行的实证分析。此外，Lumpkin 和 Dess(1996)指出组织中有效的整合行为是创业导向有效转化为组织绩效的中介变量，它有利于形成组织的创新活动，并促进创业的成功。Matsuno(2002)认为创业导向的顺利实施依赖于市场导向，市场导向可以快速地整

合和利用资源，从而使企业获得独特的竞争优势。Covin 和 Slevin 在多年的研究中重点强调了创业导向背景下学习对企业绩效的影响作用，他们认为外部的环境变量、内部的战略变量(战略使命与竞争策略)与内部的组织变量(高管价值观与组织学习)均是企业创业导向与绩效之间关系受到影响的重要因素。Titpins 在 2003 年的研究中指出，大学生创业团队学习在创业导向与绩效之间起到中介作用。

综上所述，本书对创业导向、大学生创业学习和初创企业绩效之间的关系绘制如下影响路径图(图 3-4)。

图 3-4　大学生创业学习对创业导向和初创企业绩效关系的影响路径

基于以上理论分析及模型构建，本书提出如下假设：

H4：大学生创业学习在创业导向与初创企业绩效关系中具有中介作用

H4a：认知学习在创业导向的创新性和财务绩效之间起中介作用

H4b：认知学习在创业导向的冒险性和财务绩效之间起中介作用

H4c：认知学习在创业导向的先动性和财务绩效之间起中介作用

H4d：认知学习在创业导向的创新性和成长绩效之间起中介作用

H4e：认知学习在创业导向的冒险性和成长绩效之间起中介作用

H4f：认知学习在创业导向的先动性和成长绩效之间起中介作用

H4g：经验学习在创业导向的创新性和财务绩效之间起中介作用

H4h：经验学习在创业导向的冒险性和财务绩效之间起中介作用

H4i：经验学习在创业导向的先动性和财务绩效之间起中介作用

H4j：经验学习在创业导向的创新性和成长绩效之间起中介作用

H4k：经验学习在创业导向的冒险性和成长绩效之间起中介作用

H4l：经验学习在创业导向的先动性和成长绩效之间起中介作用

H4m：实践学习在创业导向的创新性和财务绩效之间起中介作用

H4n：实践学习在创业导向的冒险性和财务绩效之间起中介作用

H4o：实践学习在创业导向的先动性和财务绩效之间起中介作用

H4p：实践学习在创业导向的创新性和成长绩效之间起中介作用

H4q：实践学习在创业导向的冒险性和成长绩效之间起中介作用

H4r：实践学习在创业导向的先动性和成长绩效之间起中介作用

五、创业环境对创业导向与大学生创业学习的调节作用分析

为了进一步厘清创业导向和大学生创业学习、大学生创业学习和初创企业绩效之间的相互关系，本书将创业环境作为调节变量引入，分别验证它们之间是否存在调节效应。随着经济全球化的脚步加快，企业所面临的消费者需求、产品研发、政府政策实施以及市场细分等内外部环境均发生了巨大变化，导致企业在面对激烈的市场竞争时，需要采取以创新性、先动性和冒险性为主要特征的创业导向，即采用先发制人的策略，率先引进新技术、研发新产品和提供新服务，从而在复杂的环境之中寻求与外部环境相匹配的资源(焦豪等，2007)，这也从另外一个角度说明了创业企业在学习方面得到了进一步的加强(Hofer & Davoust，1997)。因此，创业导向已经成为创业企业在面对动态复杂环境时实施的一种行之有效的重要战略，它可以帮助企业开拓新的业务领域、挖掘潜在的市场机遇以及获得可持续的竞争优势。

在现有研究当中，Bruno(1982)发现在创业环境中，资源的可用性和获取性是刺激创业导向的比较重要的外部因素，创业环境的宽松程度会影响企业对资源获得的程度。Castrogiovanni(1991)等对创业环境的宽松性作了丰富的内涵界定，认为创业导向和企业成长深受创业环境宽松性的影响。Lumpkin 和 Dess(1996)等研究指出创业活动受到创业环境的影响，创业环境具有动态性和敌对性等特征。Hayeseta(1984)认为动态环境的变化

会导致企业行为发生改变。Penning(1982)研究指出企业所面临的环境敌对性越高时，创业导向的重要性越加凸显。环境敌对性越高时，创业企业倾向于采取更加积极的企业战略，勇于承担风险，持续加大新产品和新技术的研发投入，其结果是远远领先于竞争对手。

在对上述理论分析的基础上，本书对创业环境、创业导向和大学生创业学习之间的关系绘制如下影响路径图(图 3-5)。

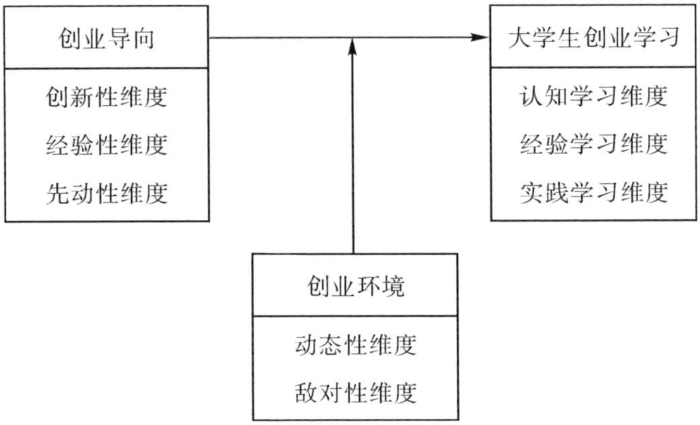

图 3-5　创业环境对创业导向和大学生创业学习关系的影响路径

基于以上理论分析及模型构建，本书提出如下假设：

H5：创业环境在创业导向与大学生创业学习之间起调节作用

H5a：创业环境的动态性在创业导向与大学生创业学习之间起调节作用

H5b：创业环境的敌对性在创业导向与大学生创业学习之间起调节作用

六、创业环境对大学生创业学习与初创企业绩效的调节作用分析

创业环境具有动态性和敌对性两大特征，动态性反映的是初创企业对消费者需求和竞争对手的了解程度，它强调的是市场整体趋势和行业发展

的动态变化受外部环境变化频率高低的影响。环境的动态性在给企业带来风险的同时也给企业带来相应的机遇，可以帮助企业深入了解所处行业的市场竞争程度，同时有利于企业更好地熟悉和掌握不断变化的消费者需求。当环境的动态性提升时，企业可以快速响应、迅速调整生产经营策略，从而获得竞争优势。而敌对性指的是创业环境所面临的竞争程度。由于稀缺的市场机会，必然会引起激烈的市场竞争，因此企业要想在充满挑战的环境下获得生存和成长的空间，必然对创业学习提出更高的要求，更加需要通过学习储备知识、积累经验，进而积极实施具有创新性、冒险性和先动性特征的企业发展战略。

在敌对性强的环境下，企业要获得超过平均水平的收益，主要策略是积极地进行创业学习(Covin & Slevin，1995)。因此，创业环境对企业财务绩效的预测是很好的风向标(Zahra & Covin，1995)。然而一部分学者有不同的观点，Dess(1996)在研究中通过将环境的不确定性和异质性作为调节变量进行回归分析，得出的结果显示，在将不确定性及异质性作为研究的调节变量时，其在企业组织学习和组织绩效两者之间不存在比较明显的调节作用，且影响的方向也不明确。Wiklund(1998)也在研究中将创业环境维度的动态性作为调节变量，引入企业组织学习与企业绩效之间进行回归分析，得出的结论是创业环境动态性不存在调节作用，只有把它们三者进行适当匹配的时候才有可能对企业绩效产生一定的影响。

根据上述研究，本书对创业环境、大学生创业学习和初创企业绩效之间的关系绘制如下影响路径图(图3-6)。

基于以上理论分析及模型构建，本书提出如下假设：

H6：创业环境在大学生创业学习和初创企业绩效之间起调节作用

H6a：创业环境的动态性在大学生创业学习和初创企业绩效之间起调节作用

H6b：创业环境的敌对性在大学生创业学习和初创企业绩效之间起调节作用

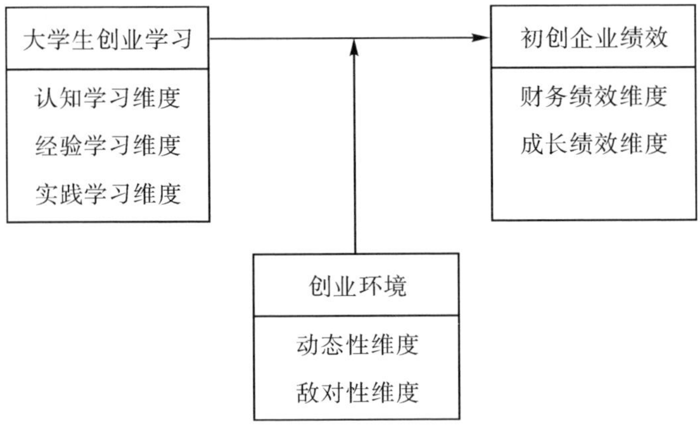

图 3-6　创业环境对大学生创业学习和初创企业绩效关系的影响路径

第三节　创业导向、大学生创业学习和初创企业绩效关系模型构建及假设汇总

上述研究过程中对创业导向与初创企业绩效、创业导向与大学生创业学习、大学生创业学习与初创企业绩效，大学生创业学习在创业导向和初创企业绩效之间，创业环境在创业导向和大学生创业学习之间、创业环境在大学生创业学习和初创企业绩效之间的关系分别进行了理论分析，并用图 3-1 至图 3-6 绘制了它们之间的关系模型，并对各种关系进行了汇总(图 3-7)。

从图 3-7 可知：首先，创业导向和初创企业绩效之间存在较为明显的直接影响关系，构成了本书的假设 H1。其次，创业导向对大学生创业学习有直接影响关系，与此同时大学生创业学习又会对企业绩效产生一定影响，并且在创业导向和初创企业绩效之间，大学生创业学习起到了良好的中介桥梁作用，因此，本书适时提出了假设 H2、H3 以及 H4。最后，由于创业环境对创业导向和初创企业绩效之间关系均存在调节作用，因此，它在创业导向和大学生创业学习之间、在大学生创业学习和初创企业绩效之

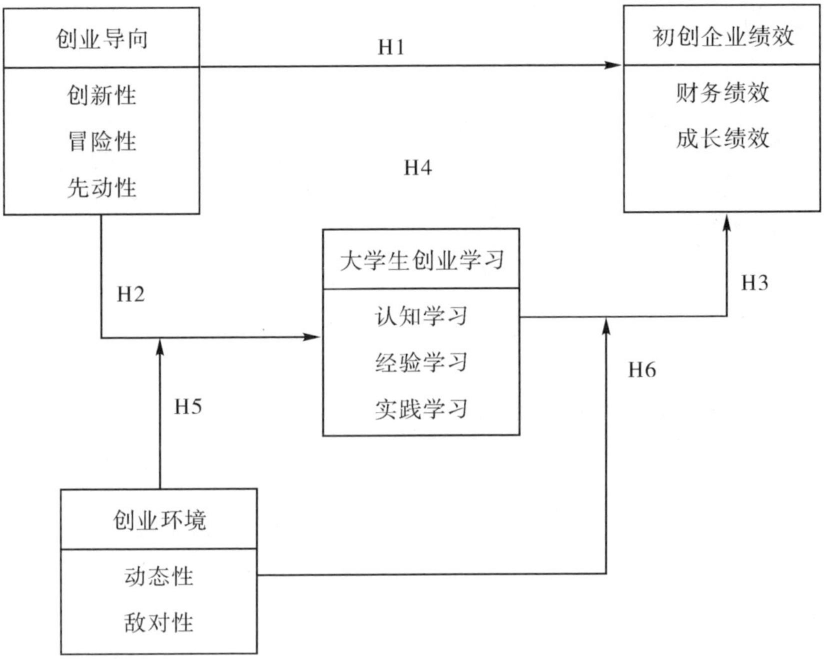

图 3-7 创业导向、大学生创业学习和初创企业绩效关系模型

间同理都将产生调节效应，因此提出了假设 H5 和 H6。

基于上述深入的理论研究分析，本书科学构建了创业导向—大学生创业学习—初创企业绩效的关系模型，并结合前期研究成果提出假设如下：一是创业导向对初创企业绩效存在显著的正向影响；二是创业导向对创业者的创业学习行为会有提升作用；三是大学生创业学习是大学生初创企业获得较好企业绩效的重要举措；四是大学生创业学习作为中介变量在创业导向和初创企业绩效之间起显著的中介作用。与此同时，创业环境是不可忽略的重要因素，不管是在创业导向和大学生创业学习之间还是在大学生创业学习和初创企业绩效之间均存在调节作用。有鉴于此，本书的研究假设汇总如下(表 3-1)：

表 3-1　本书研究假设汇总

H1	创业导向对初创企业绩效存在显著的正向影响
H1a	创新性越强，企业的财务绩效越高
H1b	冒险性越强，企业的财务绩效越高
H1c	先动性越强，企业的财务绩效越高
H1d	创新性越强，企业的成长绩效越高
H1e	冒险性越强，企业的成长绩效越高
H1f	先动性越强，企业的成长绩效越高
H2	创业导向对大学生创业学习存在显著正向影响
H2a	创新性越强，认知学习越高
H2b	冒险性越强，认知学习越高
H2c	先动性越强，认知学习越高
H2d	创新性越强，经验学习越高
H2e	冒险性越强，经验学习越高
H2f	先动性越强，经验学习越高
H2g	创新性越强，实践学习越高
H2h	冒险性越强，实践学习越高
H2i	先动性越强，实践学习越高
H3	大学生创业学习对初创企业绩效存在显著正向影响
H3a	认知学习越强，企业财务绩效越好
H3b	经验学习越强，企业财务绩效越好
H3c	实践学习越强，企业财务绩效越好
H3d	认知学习越强，企业成长绩效越好
H3e	经验学习越强，企业成长绩效越好
H3f	实践学习越强，企业成长绩效越好
H4	大学生创业学习在创业导向与初创企业绩效关系中具有中介作用
H4a	认知学习在创业导向的创新性和财务绩效之间起中介作用
H4b	认知学习在创业导向的冒险性和财务绩效之间起中介作用
H4c	认知学习在创业导向的先动性和财务绩效之间起中介作用

续表

H4d	认知学习在创业导向的创新性和成长绩效之间起中介作用
H4e	认知学习在创业导向的冒险性和成长绩效之间起中介作用
H4f	认知学习在创业导向的先动性和成长绩效之间起中介作用
H4g	经验学习在创业导向的创新性和财务绩效之间起中介作用
H4h	经验学习在创业导向的冒险性和财务绩效之间起中介作用
H4i	经验学习在创业导向的先动性和财务绩效之间起中介作用
H4j	经验学习在创业导向的创新性和成长绩效之间起中介作用
H4k	经验学习在创业导向的冒险性和成长绩效之间起中介作用
H4l	经验学习在创业导向的先动性和成长绩效之间起中介作用
H4m	实践学习在创业导向的创新性和财务绩效之间起中介作用
H4n	实践学习在创业导向的冒险性和财务绩效之间起中介作用
H4o	实践学习在创业导向的先动性和财务绩效之间起中介作用
H4p	实践学习在创业导向的创新性和成长绩效之间起中介作用
H4q	实践学习在创业导向的冒险性和成长绩效之间起中介作用
H4r	实践学习在创业导向的先动性和成长绩效之间起中介作用
H5	创业环境在创业导向和大学生创业学习之间起调节作用
H5a	创业环境的动态性在创业导向和大学生创业学习之间起调节作用
H5b	创业环境的敌对性在创业导向和大学生创业学习之间起调节作用
H6	创业环境在大学生创业学习和初创企业绩效之间起调节作用
H6a	创业环境的动态性在大学生创业学习和初创企业绩效之间起调节作用
H6b	创业环境的敌对性在大学生创业学习和初创企业绩效之间起调节作用

第四章　问卷设计与研究方法

第一节　问卷设计与数据收集

学者们在进行研究时，经常通过问卷调查法获取数据。通常，他们在统计分析的过程中，需要利用相关样本数据进行研究，这些样本数据可以直接从研究或数据库机构获得，也可以通过研究人员自行收集数据等其他方式获得，采用问卷调查法便是获得样本数据的主要方法之一。既然要通过发放问卷的方式获得研究所需要的样本数据，那么调查问卷本身的质量水平将严重影响所研究数据的质量情况，甚至影响最终调查的结果，因此，为了尽可能降低不利因素对调查结果的影响，本书对问卷调查的流程进行了严格的设计。

通过发放问卷进行研究的方法称为问卷调查法。目前，问卷调查法已经成为学术界较为流行的一种调查方法，这种调查方法开展简单，在开展过程中遇到问题也能够灵活处理，并且，这种方式能够帮助研究人员尽快获取其所研究的对象的最新资料，因此，在调查开始之前设计一份高质量的调查问卷显得尤为重要，它能够给调查提供极大的帮助，有助于提高调查结果的可靠性以及准确性，也能为后续的研究奠定基础。

本书的问卷调查，以访谈征询的形式为基础，并结合国内外成熟的量表，根据所研究对象的实际情况进行设计，通过多种指标、多个角度全方位反映同一变量。本书所设计的问卷调查由五个部分组成，分别为背景信息调查、创业环境调查、创业导向调查、创业学习调查和企业绩效调查。

第二节　研究量表设计

由于无法找到现成的测量指标对创业环境、创业方向等进行评定，本书基于已有的研究量表，通过对对象实施调查访问等方式，最终确定了各个维度测度量表的相关题项。

一、创业环境量表设计

针对创业环境变量的测量，Dess 和 Beard 在 20 世纪 80 年代把其划分成三个维度，首先是创业环境的宽松程度，即在竞争之中企业能够使用的资源情况，此外，稀缺性、包容性以及敌对性这些研究维度和这一概念的定义也有着共通之处；其次是动态性，该维度指的是创业环境的稳定性及各种因素的变化；最后是复杂性，它指的是企业在决策过程中所面临的环境因素数量以及环境的复杂多变性。Lumpkin 则在 Dess 和 Beard 的基础上经过分析，把三维度缩减成了两个维度，即敌对性以及动态性。

本书在 Lumpkin 和 Dess 观点的基础上，从动态性以及敌对性两个维度对创业环境进行研究。在调查时，根据对象的主观态度对量表题项的表述进行了修正，并以 1~5 作为赞同的程度，即分为非常同意、比较同意、无法确定、比较不同意、非常不同意五个程度，具体内容如表 4-1 所示。

表 4-1　创业环境量表

N1	创业环境的动态性
N11	您的团队必须经常改变营销活动以保住市场
N12	您的团队很难预测竞争对手的行动
N13	您的团队很难预测消费者的需要和嗜好
N14	您所在的地方政府经常出台新的行业法律法规
N15	您所在的行业中产品的淘汰率非常高

续表

N16	您所在的行业中产品的技术更新很快
N2	创业环境的敌对性
N21	您所在的行业企业失败率很高
N22	您所在的行业风险很大，一个错误的决策就能葬送公司
N23	您所在的行业竞争强度很大
N24	您所在的行业消费者忠诚度非常低
N25	您所在的行业价格战很严重
N26	您所在行业的利润率非常低

二、创业导向量表设计

针对创业导向变量的测量，Miller 于 1983 年提出创新性、先动性以及冒险性这三个维度，其划分原则得到许多专家学者的肯定。

1996 年，Lumpkin 和 Dess 又将积极竞争以及自治性这两个维度加入创业导向中去，Jambulingam 在其基础之上又将激励性这一维度加进去，从而使创业导向这一概念进一步完善。

本书在 Miller 的三维度体系基础上，从创新、冒险及先动三个方面对创业导向进行研究，最终根据所调查的对象对各维度的认识，对量表题项的表述进行了修正，并以 1~5 作为赞同的程度，即分为非常同意、比较同意、无法确定、比较不同意、非常不同意五个程度，具体情况如表 4-2 所示。

表 4-2 创业导向量表

X1	创业导向的创新性
X11	总体上，您的团队更倾向于经营技术领先的创新性产品
X12	您的创业团队自成立以来推出了许多新产品或新服务
X13	您的创业团队推出的产品或服务较行业现有产品有大幅度创新

续表

X2	创业导向的冒险性
X21	您和核心创业人员偏好投资高风险、高回报的项目
X22	面对不确定性时，您认为创业团队应采取大胆积极的态度，最大可能地抓住机会
X23	由于经营环境的不确定性，您觉得企业更应该采取大胆行动来实现企业目标
X3	创业导向的先动性
X31	同行竞争中，通常是我们团队先采取行动，之后竞争对手再跟进或回应
X32	您认为应该比同行更早推出(率先引用)新产品、新服务进入市场
X33	创业核心成员经常审视产业发展趋势，率先掌握机会，会尽早做出快速反应

三、大学生创业学习量表设计

研究和整理现有的文献我们发现，专家们在对创业学习进行研究时，往往从创业学习的定义、性质以及特点等方面进行分析，从而获得所需结论，却很少按照定量分析的方法对创业学习进行分析。然而，我们在研究某项事物时，不应该仅仅对该事物进行定性的分析，而应当通过科学推理以及充分的实践来获取研究成果。因此，对于大学生的创业学习，应当结合理论成果以及具体操作的实践数据进行分析，以获得更加科学的结论。

1. 现有的理论成果

针对创业学习的维度研究，目前学术领域还未形成成熟的理论，通过各渠道的文献索引所得到的资料也少之又少，并且也缺少能直接引用的科学的创业学习量表。

本书在分析时，对文献进行了较为系统的梳理，在梳理过程中，也得到了一些较有价值的文章。如学者彭阳(2004)将创业学习的创新、发现、组织和共享这4个维度作为对学习维度的界定。另外，学者陈静(2009)在通过一段时间的研究后，提出创业学习是由创业的经验、认知和实践这三个因素构成的多维结构。上述两位学者在所处的立场以及研究的方向上都有所区别，彭阳是以大学生企业的角度来研究创业学习，而陈静是站在个人的角度进行研究。本书更倾向于陈静的研究角度，其内容对本书的研究更具意义。

2. 对现有理论成果的探讨

如上文所述，大学生创业者在遇到创业中的问题时，可以通过组织学习来理解和研究创业学习问题。专家们对于组织学习的测量以及维度方面的研究有着不同的看法。胡波(1991)把组织学习划分为四个过程，第一个是知识获取，第二个是信息分发，第三个是信息解释，最后是组织记忆。之后其他学者将组织学习浓缩成了三个阶段，即知识的获取、分享和应用三个过程。2000 年，Pawlowsky 对组织学习进行了更为深入的研究，将学习的步骤进行了深入划分，第一是对和资源的创新有着相关性的信息的识别以及获取，第二是通过思想交流将信息资源扩散出去，第三是借助现有的知识系统，或者将知识融入组织规则中去。Crossan 等学者通过整合学习的所有过程，提出了有关组织学习的模型，他认为可以将学习分成三个部分，一是组织，二是团体，三是个体，这三个部分会相互影响，并且由直感、整合、解释和制度四个社会心理过程连接起来。这样可以通过一种新型的层面代替传统的组织学习过程，从而有助于形成公司创新进步的从个体到团体再到组织层面的正向学习流以及从组织层面到团体到个体的反馈学习流。另外，学者陈国权也给出了一种新型的组织学习模型，这种模型可以将知识反馈以及知识库和知识反馈的过程融入组织学习模型中，他还对可能阻碍组织学习的因素进行了分析，指出大学生的创业学习和其他创业学习有着阶段性的特点，大学生在创业时可以结合自己追求的目标，通过学习得到所需要的知识，并勤于思考，及时纠正自己行为中的错误，从而进一步完善自己的知识系统。这些学习经历也是大学生知识的应用，能成为大学生的经验财富。结合关于创业学习的研究成果，本书将大学生创业学习的维度确定在目前比较权威的创业学习维度框架之内，即将创业学习分为三个子维度，一是认知学习，二是经验学习，三是实践学习。

本书认为，我国大学生创业者和其他创业者相比更具有显著的个体特性。大学生的创业学习往往会通过打工实践、企业见习及实习、参加创业大赛等带有鲜明个体特征的学习途径而获得。因此，本书虽然采用主流观点，选取了认知学习、经验学习、实践学习这三个维度作为研究大学生创业学习的维度，并针对大学生创业者在创业学习方面的个性特征对维度的题项进行了精心设计和调整，同时，为了研究的严谨性，本书采用了质性研究方法对量表维度和题项进行了最终确认，并以 1~5 作为赞同的程度，即分为非常同意、比较同意、无法确定、比较不同意、非常不同意五个程度，具体情况如表 4-3 所示。

表 4-3　大学生创业学习量表

M1	创业学习的认知学习
M11	经常与行业中的专业人员进行交流，并虚心向他们学习
M12	非常关注同行业中的标杆企业的行为
M13	经常参与学校或孵化基地组织的创业培训或参加各类创业大赛
M14	经常阅读相关书籍和创业资讯以获取有价值的创业信息
M15	经常和有创业经验的亲友进行交流，进行讨论，并与他们交换知识和经验
M2	创业学习的经验学习
M21	您在创业过程中注重积累各种经验，不断反思先前的失败行为
M22	您觉得打工兼职的经验(管理经验、创业经验等)对创业决策非常重要
M23	您觉得失败行为并不可怕，关键在于能从中吸取教训
M3	创业学习的实践学习
M31	您在创业过程中持续搜集有关内、外部经营环境的信息及各项创业政策和信息
M32	您注重在打工兼职或在企业见习及实习过程中深化创业认识
M33	您认为创业实训和创业实践可以获得创业经验
M34	您经常通过持续的创业实践来反思或纠正已有的经验

四、初创企业绩效量表设计

初创企业主要将生存、获取利润以及成长作为主要发展目标，该类企业一般存在于企业筹备以及创立初期。企业的绩效情况对于初创企业来说显得极为重要。结合国内外关于初创企业的研究，本书采用企业绩效评价法，即根据已有的法律规定以及相关标准，结合各种企业的相关指标，辅之以有效、合理的评价方法对企业的绩效情况进行评价。在评价时，也会根据不同的指标，从多方面对企业一定阶段内的经营情况、承受风险水平、盈利水平以及成长空间等进行综合研究，并根据研究的结果做出最终的评价。

从根本上讲，度量成熟企业、初创企业的绩效在指标上并没有多大差别，都是从主观和客观以及财务或非财务指标等方面进行判断。过去并没有提出有关初创企业的统一的绩效评价标准，但越来越多的学者认为初创企业的绩效是由多维度内容组成的，理应与成熟企业有一定的区分。20 世纪 90 年代初，Dess 和 Lumpkin 提出，要对企业绩效做出科学评价，要从多维角度对企业进行综合评价。Cvin(2012)等人认为，在研究企业时应重点抓住企业的成长情况以及盈利能力这两方面的维度。根据过去对初创企业所进行的研究不难发现，初创企业的绩效情况可以通过企业成长情况以及企业的盈利能力来反映。另外，汉克斯(1999)也持有这样的观点，他认为八成的创业人员往往将销售额和销售收入增长、企业规模以及竞争实力等情况作为指标来衡量企业的成长状况。Wikland(1994)也指出，与财务指标等相比，企业成长指标的优势更明显，且更容易了解企业的成长状况，更有利于对企业的分析。根据上述学者的分析，本书认为要真实地反映初创企业的经营状况，对两个指标的综合考虑要远比单独的指标考虑更加准确。因为企业的盈利以及成长两者之间相互依存，相互促进，企业盈利能力的提高可以进一步促进成长，并且也能帮助企业获取更多资源，从而提升企业的综合实力。所以对初创企业而言，把握成长与获利两者之间的关系极为重要。

为此，本书在测量初创企业的绩效情况时，着重于企业成长以及盈利这两个部分。但需要说明的是，由于本书针对的是大学生创业者的初创企业，而在第三章我们已经界定过大学生初创企业为持续经营 3 年以内的大学生企业，所以，我们在对大学生初创企业的成长性绩效进行测量时，主要是考察大学生企业在持续经营 3 年内的各项企业成长性绩效指标。

根据研究的需要和研究对象的特点，本书对量表题项的表述进行了修正，并以 1~5 作为赞同的程度，即分为非常同意、比较同意、无法确定、比较不同意和非常不同意五个程度，具体情况如表 4-4 所示。

表 4-4　初创企业绩效量表

Y1	财务绩效
Y11	您的项目业务一直保持着很高的市场份额(市场占有率)
Y12	公司的利润率保持在很高的水平(净收益率)
Y13	公司的投资收益率在行业内保持领先地位(投资收益率)
Y2	成长绩效
Y21	与竞争对手相比，您的创业团队人数增长较快
Y22	与竞争对手相比，您公司的销售额增长较快
Y23	与竞争对手相比，您公司市场份额的增长速度较快
Y24	您预计公司的规模将会继续扩大

第三节　问卷调研和收集

一、问卷调研对象的选择

本书研究的重点在于厘清大学生创业学习、创业导向以及初创企业绩效之间的理论关系，所以，本书将已经毕业和在读本科生，并且有创业意向或者正在创业的大学生作为调查的对象。因对象所涉及的学历从专科到研究生层次不一，所以结果也会一定程度上受到区域以及学生攻读专业的影响。从整体上来看，由于调研样本性别、年龄、区域等分布相对合理，因此能够充分反映我国大学生创业的总体情况。

二、问卷总体设计

调查问卷总体按以下设计步骤开展：

(1)借鉴已有文献。通过对相关文献进行梳理，找到和本研究内容相符且比较成熟的权威性量表作为基础，并结合实际研究内容形成新的基础量表。

(2)前测性访谈。形成基础量表后，邀请本领域 3 名教授、2 名博士生和 3 名硕士生组成专家团，结合文献和研究内容对调查问卷相关题项进行修正。

(3)预调查。为了使问卷调查能顺利开展，调查问卷在正式发放前，对广西大学的 20 名创业大学生进行预调查，最后根据反馈意见对问卷进行再次修正。

(4)小样本预测试。问卷经过多次修正后，我们还以小样本数据进行定量检验，并根据预测试结果找出问题，提纯题项后形成正式的调查问卷。

(5)大样本测试。调查问卷按照题项的 5~10 倍进行发放，最终形成有效问卷。

三、数据采集

本书通过对大学生企业进行问卷调查的方式收集数据。尽管近几年大学生企业有快速发展的态势，但就目前而言，成功率仍不高，因此样本量较少，这增加了研究的难度。但作者本人从事多年大学生创业管理工作，因此有大量的社会资源，而且与各省市区的高校主管创业的老师均有交集和联系，这为本书的调查研究提供了保障。

为了能获取不同地域的研究数据，同时方便受访者进行问卷作答和数据回收，我们采用网络发放调查问卷的方式来收集数据，具体采用了微信上的“问卷之星”来发放调查问卷。

根据学者 Tinsley 和 Tinsley(1987)的建议，对于影响因素的分析，他们建议题项数与样本数比例为 1∶5 左右。本次问卷题项数为 47 项，其中个人基本信息占 7 项，与实际内容直接相关的占 40 项，我们期望回收问卷的数量在 200~400 份之间。

四、小样本数据的收集

小样本数据收集目的是预测试问卷的合理性和科学性，找出受访者不易理解的问题，删除不科学的题项，进一步修正调查问卷。小样本数据主要利用腾讯公司开发的问卷星设计电子问卷，并通过微信发放和回收预测试问卷。发放地域主要是广西 20 所高校的创业大学生。小样本预测试共发放预调查问卷 115 份，将问卷全部回收，并将其中无效的十份剔除出来，最后得到可以使用的问卷数为 105 份，此问卷调查实现了百分之百的回收率，问卷有效率为 91.3%。

五、大样本数据的收集

大样本数据收集同样通过腾讯公司开发的问卷星，通过微信实行“滚雪球”式发放和回收。问卷面向全国发放，问卷共提交了 356 份，剔除 40 份无效问卷，最后有效问卷为 316 份。

六、大样本数据描述

本书的大样本数据覆盖并包含小样本数据，因此这里主要对大样本数据进行描述。描述内容包括年龄、教育程度、大学就读院校类别、创业年限、问卷覆盖区域等方面。

此次有效调查对象一共 316 人，其中 56%是男性，44%是女性，人数分别为 177 和 139 人。关于本次研究成果如下：

1. 年龄

从图 4-1 中可以看出，样本中年龄在 41~50 岁的有 18 人。还有 18 人的年龄在 36 岁到 40 岁之间，21 人年龄为 31 岁到 35 岁，43 人在 26 岁到 30 岁之间，有 216 人年龄在 25 岁以下。

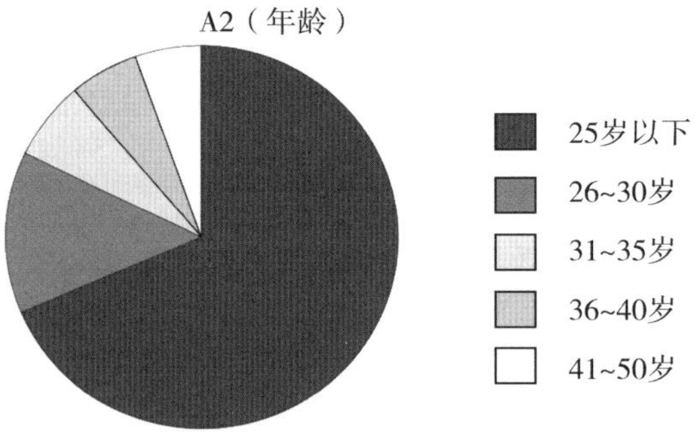

图 4-1　大学生初创企业创业者的年龄情况

2. 学历

从图 4-2 中可以看出，本科学历的人员所占比例最高，共 213 人；次于本科学历层次的是大专，人数共 71 人；研究生所占比例较少，仅 32 人。接受调查的人员学历普遍在本科学历以上。

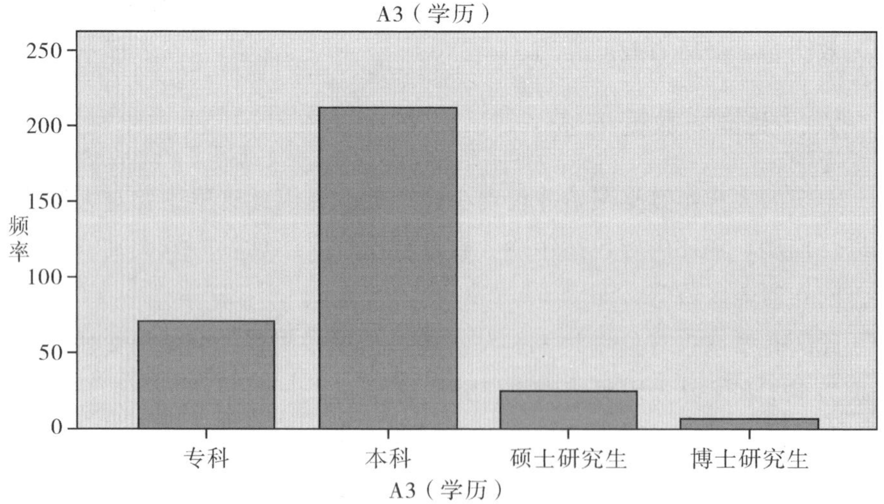

图 4-2　大学生初创企业创业者的学历情况

3. 就读学校类别

从图 4-3 可以看出，参与调查研究的人员所就读的学校大都为普通二本院校，人数共计 201 人；其次是高职高专院校，共计 64 人；一本院校学生只有 51 人。由此看出本次参研人员的就读院校主要集中于普通二本院校。这些高校大部分是应用型地方本科院校，这符合国家高校人才培养的定位，因此更有利于保证数据的客观性。

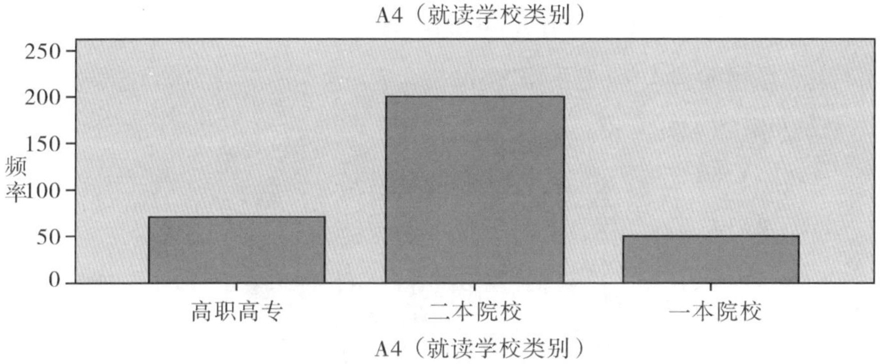

图 4-3　大学生初创企业创业者就读院校类别情况

4. 创业时间

根据图 4-4 调查结果可知，处于创业筹备期的共计 145 人；创业年限

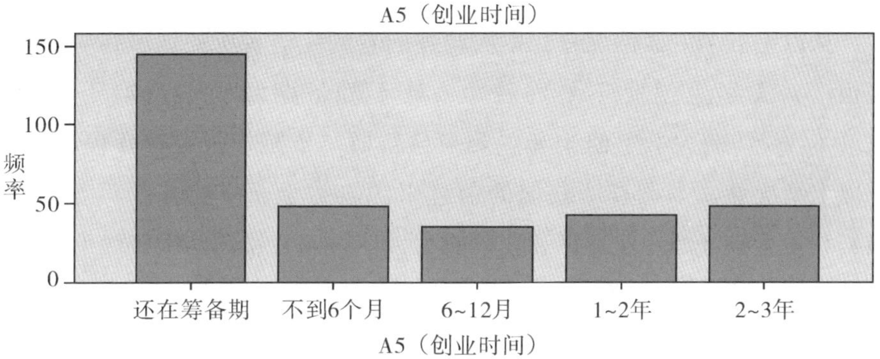

图 4-4　关于大学生初创企业创业者的创业年限情况

不到6个月的有48人；创业年限在6~12月的有35人；创业年限在1~2年的有41人；创业年限在2~3年的有47人。

5. 问卷覆盖区域情况

由于问卷发放和数据收集通过微信，采用“滚雪球”方式进行，因此问卷所覆盖的区域非常广，包括浙江、河南、山东、北京、山西、湖南、江西、广东、广西、云南以及海外等地。

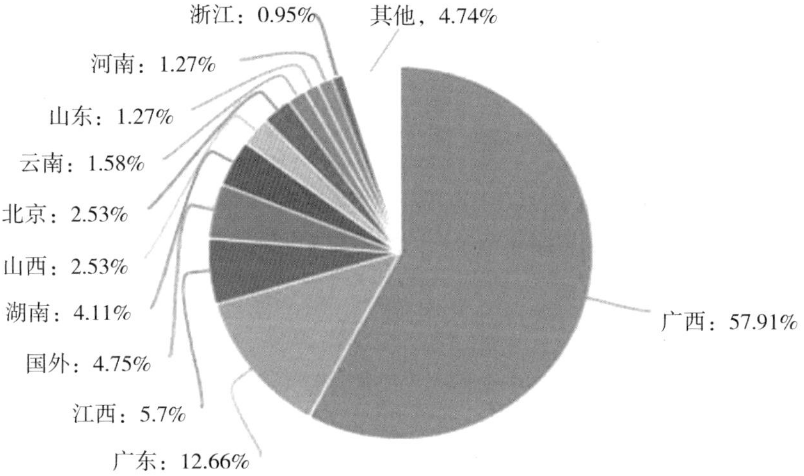

图4-5 问卷覆盖区域情况图

从以上五个方面情况看，本次调查问卷的受访者所处地域在中国覆盖面很广，大学生创业年限均较短，处于筹备期及6个月以下的高达61.1%。受访的大学生创业者主要来自普通二本院校，受教育程度较高。从以上情况看，本调查所获取的信息来源较为全面，受访者学历普遍较高，具备了较好的专业知识和理解能力，使得问卷答题的准确性有一定的保障。

第四节　数据分析方法

回收调查问卷后，要对所调研到的数据进行处理和分析，本书主要采用 SPSS 23.0 和 Excel 2010 这两个统计软件，并结合相关的统计分析方法，如描述性统计分析法、信度和效度分析法、方差分析法、相关分析法和回归分析法等。

一、描述性统计分析法

这种分析方式主要是把原本的数据通过一定方式进行转换，以实现对所要研究内容的分析，诸如：集中趋势、频数以及方差、标准差等。本书所分析的内容主要包括创业个体的特点、创业人员的学习能力以及风险识别和机会识别能力等。

二、信度和效度分析法

要保证测验的性能良好，数据应具备较好的信度以及效度。所谓信度，是指数据在经过多次测试之后，仍然能处于相对平稳的水平。根据李克特的态度量表，本书信度采用经 Cronbach's Alpha 系数检验的信度数值，一般该数值超过 0.7 时的数值可作为符合条件的最小值，也就是说表中的维度以及变量之间的一致性较为良好。所谓效度，即准确度，它是指测量工具或测量手段能够准确、真实地度量事物属性的程度。

三、方差分析法、相关分析法与回归分析法

方差分析法也称 F 统计方法，该方法的第一步便是将组内以及组间的离差平方和计算出来，之后得到均方的数值，将组间以及组内的方差作为 F 的数值；其中有五个和方差分析相关的重要假定，分别为随机抽样、样本分布为正态、所调查的样本之间均互相独立、球面假定以及方差齐性假定。

相关分析法主要研究两个变量之间相互变动的影响，在分析时，用到的主要是 Pearson 系数，该系数通常用 r 表示，其数值在-1 和 1 之间时，表示两个变量之间的关系以及变化情况。这种分析所针对的是变量之间变化的强度以及相互联系，并不能准确描述出两者之间的具体关系，也就是说根据一个变量不能得到另一个变量的情况，两者之间仅仅存在相关性，并没有决定关系。

所谓回归分析法，指的是一个变量可以通过一个自变量被估计出来，该分析法往往采用 F 以及 t 检验其模型的正确性。

第五章　数据分析与讨论

第一节　小样本的预测试

为了保证量表中各维度的准确性以及题项的合理性，除了采用访谈等定性方法来修正以外，我们还需要采用定量的方法作进一步修正。因此，在发放大样本的正式问卷之前，我们还通过对小样本进行测试，用定量的方法检验并修正问卷。

一、小样本数据描述性统计分析

我们对小样本受访者的个人基本信息进行了统计，得到表格 5-1 的相关内容。

表 5-1　小样本个人基本信息统计表

题项	题项分类	人数(人)	比例(百分比)
性别	男	57	54.3
	女	48	45.7
年龄	25 岁以下	72	68.6
	26~30 岁	12	11.4
	31~35 岁	5	4.8
	36~40 岁	8	7.6
	41~50 岁	8	7.6

续表

题项	题项分类	人数(人)	比例(百分比)
学历	专科	25	23.8
	本科	70	66.7
	硕士研究生	6	5.7
	博士研究生	4	3.8
就读学校类别	高职高专	20	19
	普通二本院校	66	62.9
	一本院校	19	18.1
创业时间	还在筹备期	55	52.4
	不到6个月	14	13.3
	6~12月	6	5.7
	1~2年	10	9.5
	2~3年	20	19
家庭成员是否经商	是	53	50.5
	否	52	49.5

来源：依据调查数据整理所得

二、小样本数据信度检验

本书采用Cronbach's Alpha系数对所收集的数据进行信度检验。通常Cronbach's Alpha系数的值在0和1之间。如果该值小于0.7的时候，可以认为问卷的内部一致信度不符合标准；在0.7和0.8之间时表示问卷拥有一定程度的信度，在0.8和0.9之间时表示问卷的内部一致性指标非常好。本书采用CITC值对问卷题项进行改进，CITC值的临界点为0.5，如果该值大于0.5，说明问卷的题项设计符合要求，没有项目需要剔除；如果CITC值较小，并且删除该项后，信度得到提高，说明需要对题项进行修正剔除(表5-2)。

表 5-2　小样本量表信度分析表

维度	题项编号	CITC	各题项 α 系数	汇总 α 系数
创新性	X11	0. 755	0. 809	0. 868
	X12	0. 722	0. 838	
	X13	0. 768	0. 796	
冒险性	X21	0. 665	0. 723	0. 806
	X22	0. 657	0. 754	
	X23	0. 682	0. 731	
先动性	X31	0. 697	0. 772	0. 832
	X32	0. 698	0. 762	
	X33	0. 697	0. 769	
认知学习	M11	0. 786	0. 899	0. 917
	M12	0. 746	0. 907	
	M13	0. 815	0. 893	
	M14	0. 753	0. 907	
	M15	0. 847	0. 888	
经验学习	M21	0. 733	0. 823	0. 866
	M22	0. 746	0. 815	
	M23	0. 764	0. 797	
实践学习	M31	0. 81	0. 843	0. 892
	M32	0. 749	0. 865	
	M33	0. 743	0. 871	
	M34	0. 754	0. 864	
财务绩效	Y11	0. 77	0. 797	0. 869
	Y12	0. 791	0. 777	
	Y13	0. 693	0. 866	

续表

维度	题项编号	CITC	各题项 α 系数	汇总 α 系数
成长绩效	Y21	0. 796	0. 872	0. 904
	Y22	0. 817	0. 865	
	Y23	0. 798	0. 874	
	Y24	0. 739	0. 894	
动态性	N11	0. 809	0. 863	0. 896
	N12	0. 797	0. 865	
	N13	0. 722	0. 877	
	N14	0. 615	0. 893	
	N15	0. 724	0. 879	
敌对性	N16	0. 678	0. 885	0. 905
	N21	0. 815	0. 878	
	N22	0. 729	0. 891	
	N23	0. 764	0. 885	
	N24	0. 681	0. 898	
	N25	0. 784	0. 882	
	N26	0. 683	0. 897	

来源：依据 SPSS23 统计整理所得

由表5-2可知，各个变量的 Cronbach's Alpha 值(α 系数)分别大于0. 7，符合信度检验要求，CITC 均大于 0. 5 的标准，表明测量题项符合研究要求。从“删除该题项的 Cronbach's Alpha 值”看，删除任意一题均不会引起 Cronbach's Alpha 值增加，这也同样表明变量具有良好的信度。

表 5-3　小样本量表总体信度表

Cronbach's Alpha	项　数
0.948	40

来源：根据 SPSS23 统计整理所得

由表 5-3 可知，总体量表的 Cronbach's Alpha 值为 0.948，大于 0.7，表明整体量表也具有良好的信度。

三、小样本探索性因子分析

1. 创业导向探索性因子分析

利用 SPSS23 进行探索性因子分析并对量表进行 KMO 和 Bartlett's 球形检验，结果如表 5-4 所示。

表 5-4　创业导向 KMO 与 Bartlett's 球形检验表

取样足够的 Kaiser-Meyer-Olkin 度量值		0.833
Bartlett's 球形检验	近似卡方	455.826
	df	36
	Sig.	0.000

来源：依据 SPSS23 统计整理所得

由表 5-4 可得到 KMO=0.833，大于 0.7，表明这些变量之间具有相关性，是有效的，Bartlett's 球形检验值 Sig. <0.001，表明问卷数据符合因子分析的前提要求。本研究使用主成分分析法提取因子，及最大变异转轴法来估计因素之载荷量，以特征根大于 1 为提取原则进行因子分析，得到表 5-5。

表 5-5　创业导向量表总方差解释率分析表

总方差解释率									
成分	初始特征值			提取载荷平方和			旋转载荷平方和		
	总计	方差百分比	累积 %	总计	方差百分比	累积 %	总计	方差百分比	累积 %
1	4. 358	48. 417	48. 417	4. 358	48. 417	48. 417	2. 363	26. 256	26. 256
2	1. 513	16. 806	65. 223	1. 513	16. 806	65. 223	2. 313	25. 699	51. 955
3	1. 029	11. 431	76. 655	1. 029	11. 431	76. 655	2. 223	24. 700	76. 655
4	0. 473	5. 253	81. 907						
5	0. 427	4. 747	86. 655						
6	0. 367	4. 074	90. 728						
7	0. 326	3. 622	94. 351						
8	0. 265	2. 948	97. 298						
9	0. 243	2. 702	100. 00						
提取方法：主成分分析法									

来源：依据 SPSS23 统计整理所得

从表 5-5 可以看出，通过因素分析总共得到 3 个因素，总方差解释率达到了 76. 655%，大于 50%，表明筛选出来的 3 个因素具有良好的代表性，各个测量题项的因素载荷见表 5-6。

表 5-6　创业导向量表各维度旋转因子载荷表

旋转后的成分矩阵			
	成　　分		
	1	2	3
X12	0. 869		
X13	0. 805		
X11	0. 804		
X32		0. 838	

续表

旋转后的成分矩阵			
	成　分		
	1	2	3
X33		0.833	
X31		0.806	
X22			0.847
X21			0.847
X23			0.782

来源：依据 SPSS23 统计整理所得

表 5-6 的数据显示，因子载荷的成分矩阵中所有题项的最大负载系数均大于 0.5，符合研究要求，而且每个题项都能归属到预期主成分当中，可见量表结构性良好，达到本书研究要求。

2. 创业环境探索性因子分析

利用 SPSS23.0 进行探索性因子分析并对量表进行 KMO 和 Bartlett's 球形检验，结果如表 5-7 所示。

表 5-7　创业环境 KMO 与 Bartlett's 球形检验表

取样足够度的 Kaiser-Meyer-Olkin 度量值		0.889
Bartlett's 球形检验	近似卡方	811.343
	df	66
	Sig.	0.000

来源：依据 SPSS23 统计整理所得

由表 5-7 可得到 KMO=0.889，大于 0.7，表明这些变量之间具有相关性，是有效的，Bartlett's 球形检验值 Sig. <0.001，表明问卷数据符合因子分析的前提要求。本研究使用主成分分析法提取因子，及最大变异转轴法来估计因素之载荷量，以特征根大于 1 为提取原则进行因子分析，得到表 5-8。

表 5-8　创业环境量表总方差解释率分析表

总方差解释率									
成分	初始特征值			提取载荷平方和			旋转载荷平方和		
	总计	方差百分比	累积 %	总计	方差百分比	累积 %	总计	方差百分比	累积 %
1	6.330	52.753	52.753	6.330	52.753	52.753	4.115	34.289	34.289
2	1.812	15.096	67.849	1.812	15.096	67.849	4.027	33.561	67.849
3	0.684	5.699	73.548						
4	0.658	5.486	79.034						
5	0.526	4.385	83.419						
6	0.406	3.385	86.805						
7	0.380	3.166	89.971						
8	0.322	2.680	92.651						
9	0.303	2.523	95.174						
10	0.239	1.989	97.163						
11	0.187	1.556	98.719						
12	0.154	1.281	100.00						
提取方法：主成分分析法									

来源：依据 SPSS23 统计整理所得

从表 5-8 可以看出，通过因素分析总共得到 2 个因素，总方差解释率达到了 67.849%，大于 50%，表明筛选出来的 2 个因素具有良好的代表性，各个测量题项的因素载荷见表 5-9。

表 5-9　创业环境量表各维度旋转因子载荷表

旋转后的成分矩阵		
	成　分	
	1	2
N25	0.867	
N23	0.842	
N21	0.838	
N22	0.760	
N26	0.717	
N24	0.701	
N11		0.852
N12		0.796
N16		0.786
N13		0.771
N15		0.767
N14		0.685

来源：依据 SPSS23 统计整理所得

表 5-9 的数据显示，因子载荷的成分矩阵中所有题项的最大负载系数均大于 0.5，符合研究要求，而且每个题项都能归属到预期主成分当中，可见量表结构性良好，达到本书研究要求。

3. 大学生创业学习探索性因子分析

利用 SPSS23 进行探索性因子分析并对量表进行 KMO 和 Bartlett's 球形检验，结果如表 5-10 所示。

表 5-10　大学生创业学习 KMO 与 Bartlett's 球形检验表

取样足够度的 Kaiser-Meyer-Olkin 度量值		0.871
Bartlett's 球形检验	近似卡方	842.405
	df	66
	Sig.	0.000

来源：依据 SPSS23 统计整理所得

由表 5-10 可得到 KMO = 0.871，大于 0.7，表明这些变量之间具有相关性，是有效的，Bartlett's 球形检验值 Sig. <0.001，表明问卷数据符合因子分析的前提要求。本研究使用主成分分析法提取因子，及最大变异转轴法来估计因素之载荷量，以特征根大于 1 为提取原则进行因子分析，得到表 5-11。

表 5-11　大学生创业学习量表总方差解释率分析表

总方差解释率									
成分	初始特征值			提取载荷平方和			旋转载荷平方和		
	总计	方差百分比	累积 %	总计	方差百分比	累积 %	总计	方差百分比	累积 %
1	5.838	48.653	48.653	5.838	48.653	48.653	3.791	31.589	31.589
2	2.168	18.066	66.719	2.168	18.066	66.719	3.118	25.986	57.575
3	1.263	10.528	77.247	1.263	10.528	77.247	2.361	19.672	77.247
4	0.468	3.904	81.151						
5	0.421	3.506	84.657						
6	0.370	3.085	87.741						
8	0.316	2.631	93.169						
9	0.263	2.191	95.360						
10	0.213	1.772	97.133						
11	0.175	1.458	98.591						
12	0.169	1.409	100.00						
提取方法：主成分分析法									

来源：依据 SPSS23 统计整理所得

从表 5-11 可以看出，通过因素分析总共得到 3 个因素，总方差解释率达到了 77.247%，大于 50%，表明筛选出来的 3 个因素具有良好的代表性，各个测量题项的因素载荷见表 5-12。

表 5-12　大学生创业学习量表各维度旋转因子载荷表

旋转后的成分矩阵			
	成　分		
	1	2	3
M15	0.869		
M11	0.842		
M14	0.832		
M13	0.831		
M12	0.816		
M31		0.861	
M34		0.835	
M33		0.832	
M32		0.814	
M23			0.875
M22			0.828
M21			0.769

来源：依据 SPSS23 统计整理所得

表 5-12 的数据显示，因子载荷的成分矩阵中所有题项的最大负载系数均大于 0.5，符合研究要求，而且每个题项都能归属到预期主成分当中，可见量表结构性良好，达到本书研究要求。

4. 初创企业绩效探索性因子分析

利用 SPSS23 进行探索性因子分析并对量表进行 KMO 和 Bartlett's 球形检验，结果如表 5-13 所示。

表 5-13 初创企业绩效 KMO 与 Bartlett's 球形检验表

取样足够度的 Kaiser-Meyer-Olkin 度量值		0.835
Bartlett's 球形检验	近似卡方	462.709
	df	21
	Sig.	0.000

来源：根据 SPSS23 统计整理所得

由表 5-13 可得到 KMO = 0.835，大于 0.7，表明这些变量之间具有相关性，是有效的，Bartlett's 球形检验值 Sig. <0.001，表明问卷数据符合因子分析的前提要求。本研究使用主成分分析法提取因子，及最大变异转轴法来估计因素之载荷量，以特征根大于 1 为提取原则进行因子分析，得到表 5-14。

表 5-14 初创企业绩效量表总方差解释率分析表

总方差解释率									
成分	初始特征值			提取载荷平方和			旋转载荷平方和		
	总计	方差百分比	累积 %	总计	方差百分比	累积 %	总计	方差百分比	累积 %
1	4.140	59.142	59.142	4.140	59.142	59.142	3.087	44.106	44.106
2	1.379	19.700	78.842	1.379	19.700	78.842	2.432	34.736	78.842
3	0.413	5.902	84.744						
4	0.392	5.606	90.350						
5	0.267	3.815	94.165						
6	0.228	3.263	97.427						
7	0.180	2.573	100.000						
提取方法：主成分分析法。									

来源：依据 SPSS23 统计整理所得

从表 5-14 可以看出，通过因素分析总共得到 2 个因素，总方差解释率达到了 78.842%，大于 50%，表明筛选出来的 2 个因素具有良好的代表性，各个测量题项的因素载荷见表 5-15。

表 5-15　初创企业绩效量表各维度旋转因子载荷表

旋转后的成分矩阵		
	成　分	
	1	2
Y22	0.888	
Y21	0.863	
Y23	0.836	
Y24	0.831	
Y11		0.882
Y12		0.858
Y13		0.843

来源：依据 SPSS23 统计整理所得

表 5-15 的数据显示，因子载荷的成分矩阵中所有题项的最大负载系数均大于 0.5，符合研究要求，而且每个题项都能归属到预期主成分当中，可见量表结构性良好，达到本书研究要求。

四、小样本检验结论

从以上小样本检验情况看，创业导向、创业学习和企业绩效量表经过 CITC 检验、探索性因子分析后，其量表信度与效度均良好，量表的稳定性和内部一致性非常好，符合研究要求。

第二节　大样本描述性统计分析

一、受访者个人基本信息描述分析

实际上，本书前面已经对受访者背景进行过详细的描述，本节对其主要作定性分析。

从问卷覆盖地域看，受访者所在地域几乎覆盖全中国经济较发达的省（市、自治区），而大学生创业主要集中在这些地方，因此，问卷的结果可以体现大学生初创企业的基本情况。

从大学生企业成立时间看，大部分受访者年龄在25岁以下，且绝大多数都处于创业的初级阶段，其创业的项目基本上与自己的专业有一定的关联性，因此本问卷的结果可以体现大学生初创企业的基本情况。

从受访者受教育程度看，受访者的受教育程度大部分为本科教育水平，其创业学习能力较高，因此受访者对问卷内容的理解程度也较高，对问卷的答案质量有一定的保障作用。

表5-16统计了大样本数据受访者个人信息相关情况：

表5-16　受访者个人基本信息描述表

题项	题项分类	人数(人)	比例(%)
性别	男	177	56
	女	139	44
年龄	25岁以下	216	68.4
	26~30岁	43	13.6
	31~35岁	21	6.6
	36~40岁	18	5.7
	41~50岁	18	5.7
学历	专科	71	22.5
	本科	213	67.4
	硕士研究生	26	8.2
	博士研究生	6	1.9

续表

题项	题项分类	人数(人)	比例(%)
就读学校类别	高职高专	64	20.3
	普通二本院校	201	63.6
	一本院校	51	16.1
创业时间	还在筹备期	145	45.9
	不到6个月	48	15.2
	6~12月	35	11.1
	1~2年	41	13
	2~3年	47	14.8
家庭成员是否经商	是	151	47.8
	否	165	52.2

来源：本书综合整理

二、各个题项的描述性统计分析

在完成受访者及其公司背景描述性统计分析后，还需要通过最大值、最小值、均值、方差、标准差、偏度和峰度等指标，来对大样本数据进行描述性统计分析，以了解大样本数据的分布形态和特征，检验大样本数据是否符合研究假设的要求。

表5-17　各个题项描述分析

题项	N	最小值	最大值	平均值	标准差	偏度	峰度
X11	316	1	5	3.72	1.250	-0.701	-0.478
X12	316	1	5	3.78	1.194	-0.775	-0.307
X13	316	1	5	3.72	1.231	-0.606	-0.726
X21	316	1	5	3.72	1.100	-0.739	0.128
X22	316	1	5	3.73	1.211	-0.828	-0.062

续表

题项	N	最小值	最大值	平均值	标准差	偏度	峰度
X23	316	1	5	4.04	0.945	−1.051	1.045
X31	316	1	5	3.71	1.070	−0.797	0.249
X32	316	1	5	3.65	1.302	−0.865	−0.259
X33	316	1	5	3.76	1.301	−1.023	−0.020
M11	316	1	5	3.73	1.155	−0.705	−0.254
M12	316	1	5	3.76	1.198	−0.665	−0.322
M13	316	1	5	3.86	1.217	−0.852	−0.129
M14	316	1	5	3.78	1.225	−0.709	−0.409
M15	316	1	5	3.76	1.182	−0.829	−0.022
M21	316	1	5	3.48	1.180	−0.192	−0.992
M22	316	1	5	3.59	1.160	−0.367	−0.846
M23	316	1	5	3.59	1.199	−0.467	−0.778
M31	316	1	5	3.62	1.153	−0.589	−0.403
M32	316	1	5	3.68	1.198	−0.640	−0.410
M33	316	1	5	3.73	1.205	−0.692	−0.397
M34	316	1	5	3.48	1.137	−0.358	−0.588
Y11	316	1	5	3.52	1.161	−0.314	−0.799
Y12	316	1	5	3.67	1.165	−0.615	−0.511
Y13	316	1	5	3.66	1.142	−0.484	−0.630
Y21	316	1	5	3.73	1.102	−0.504	−0.545
Y22	316	1	5	3.77	1.094	−0.624	−0.327
Y23	316	1	5	3.85	1.044	−0.531	−0.631
Y24	316	1	5	3.73	1.163	−0.571	−0.617
N11	316	1	5	3.70	1.090	−0.889	0.442

续表

题项	N	最小值	最大值	平均值	标准差	偏度	峰度
N12	316	1	5	3.78	1.068	−0.867	0.433
N13	316	1	5	3.78	1.063	−1.023	0.875
N14	316	1	5	3.75	1.083	−0.764	0.237
N15	316	1	5	3.76	1.195	−0.841	−0.002
N16	316	1	5	4.06	0.908	−0.989	0.961
N21	316	1	5	3.69	1.210	−0.994	0.205
N22	316	1	5	3.74	1.052	−0.831	0.385
N23	316	1	5	3.66	1.291	−0.891	−0.180
N24	316	1	5	3.78	1.287	−1.060	0.093
N25	316	1	5	3.66	1.222	−0.922	0.061
N26	316	1	5	3.88	1.177	−1.017	0.354

来源：依据 SPSS23 统计整理所得

从表 5-17 大样本数据描述性统计分析可知，各题项均值都在 3.48～4.06 之间，可见其分布比较均衡。各题项标准差均在 0.908～1.302 之间，说明样本数据离散度小。Klein(1998)认为，当样本数据偏度绝对值<3，峰度绝对值<8 的时候，则可认为观测变量基本符合正态分布。从以上统计结果看，所有题项偏度绝对值<1.060，峰度绝对值<1.045，远小于 Klein(1998)提出的参考值，因此可以认为大样本数据的形态基本符合正态分布，能满足本书研究假设对分析数据的基本要求。

第三节　相关量表的信度和效度分析

一、信度分析

本书采用 Cronbach's Alpha 系数对所收集数据进行信度检验。通常

Cronbach's Alpha 系数的值在 0 和 1 之间。如果该值小于 0.7 的时候，可以认为问卷的内部一致信度不符合标准；在 0.7 和 0.8 之间时表示问卷拥有一定程度的信度，在 0.8 和 0.9 之间时表示问卷的内部一致性指标非常好。本书采用 CITC 值对问卷题项进行改进，CITC 值的临界点为 0.5，如果该值大于 0.5，说明问卷的题项设计符合要求，没有项目需要剔除；如果 CITC 值较小，并且删除该项后，信度得到提高，说明需要对题项进行修正剔除。

表 5-18 量表信度分析表

维度	题项编号	CITC	各题项α系数	量表总α系数
创新性	X11	0.736	0.762	0.846
	X12	0.673	0.822	
	X13	0.73	0.768	
冒险性	X21	0.65	0.727	0.802
	X22	0.652	0.734	
	X23	0.662	0.729	
先动性	X31	0.709	0.787	0.841
	X32	0.714	0.773	
	X33	0.711	0.776	
认知学习	M11	0.676	0.862	0.879
	M12	0.711	0.854	
	M13	0.712	0.854	
	M14	0.697	0.857	
	M15	0.764	0.841	
经验学习	M21	0.748	0.734	0.84
	M22	0.714	0.768	
	M23	0.652	0.829	

续表

维度	题项编号	CITC	各题项 α 系数	量表总 α 系数
实践学习	M31	0. 744	0. 841	0. 878
	M32	0. 751	0. 838	
	M33	0. 725	0. 848	
	M34	0. 727	0. 848	
财务绩效	Y11	0. 718	0. 758	0. 838
	Y12	0. 739	0. 737	
	Y13	0. 646	0. 826	
成长绩效	Y21	0. 757	0. 811	0. 865
	Y22	0. 695	0. 836	
	Y23	0. 736	0. 821	
	Y24	0. 676	0. 845	
动态性	N11	0. 839	0. 88	0. 91
	N12	0. 797	0. 886	
	N13	0. 75	0. 893	
	N14	0. 674	0. 904	
	N15	0. 736	0. 897	
	N16	0. 715	0. 899	
敌对性	N21	0. 87	0. 89	0. 919
	N22	0. 774	0. 905	
	N23	0. 752	0. 907	
	N24	0. 762	0. 905	
	N25	0. 77	0. 904	
	N26	0. 701	0. 913	

来源：依据 SPSS23 统计整理所得

由表 5-18 可以看出，各个变量的 Cronbach's Alpha 值（α 系数）分别大于 0.7，符合信度检验要求，CITC 均大于 0.5 的标准，表明测量题项符合研究要求。从“删除该题项的 Cronbach's Alpha 值”看，删除任意一题均不会引起 Cronbach's Alpha 值增加，这也同样表明变量具有良好的信度。

表 5-19　总体量表检测结果图

Cronbach's Alpha	项　数
0.943	40

来源：根据 SPSS23 统计整理所得

由表 5-19 可知，总体量表的 Cronbach's Alpha 值为 0.943，大于 0.7，表明整体量表也具有良好的信度。

二、探索性因子分析

本书主要采用 KMO 和 Bartlett's 球形检验、主成分分析和最大方差进行探索性因子分析。

1. 创业导向探索性因子分析

利用 SPSS23 进行探索性因子分析并对量表进行 KMO 和 Bartlett's 球形检验，结果如表 5-20 所示。

表 5-20　创业导向量表 KMO 和 Bartlett's 球形检验表

取样足够度的 Kaiser-Meyer-Olkin 度量值		0.860
Bartlett's 球形检验	近似卡方	1342.180
	df	36
	Sig.	0.000

来源：依据 SPSS23 统计整理所得

由表 5-20 可知 KMO = 0. 860，大于 0. 7，表明这些变量之间具有相关性，是有效的，Bartlett's 球形检验值 Sig. <0. 001，表明问卷数据符合因子分析的前提要求。本书使用主成分分析法提取因子，及最大变异转轴法来估计因素之载荷量，以特征根大于 1 为提取原则进行因子分析，得到表 5-21。

表 5-21 创业导向量表总方差解释率分析表

总方差解释率									
成分	初始特征值			提取载荷平方和			旋转载荷平方和		
	总计	方差百分比	累积 %	总计	方差百分比	累积 %	总计	方差百分比	累积 %
1	4. 486	49. 846	49. 846	4. 486	49. 846	49. 846	2. 302	25. 572	25. 572
2	1. 194	13. 270	63. 116	1. 194	13. 270	63. 116	2. 292	25. 469	51. 042
3	1. 114	12. 381	75. 497	1. 114	12. 381	75. 497	2. 201	24. 455	75. 497
4	0. 479	5. 324	80. 822						
5	0. 424	4. 712	85. 534						
6	0. 360	4. 006	89. 539						
7	0. 346	3. 840	93. 380						
8	0. 312	3. 464	96. 844						
9	0. 284	3. 156	100. 000						
提取方法：主成分分析法									

来源：依据 SPSS23 统计整理所得

从表 5-21 可以看出，通过因素分析总共得到 3 个因素，总方差解释率达到了 75. 497%，大于 50%，表明筛选出来的 3 个因素具有良好的代表性，各个测量题项的因素载荷见表 5-22。

表 5-22　创业导向各维度旋转因子载荷表

旋转后的成分矩阵			
	成　分		
	X3	X1	X2
X32	0. 864		
X33	0. 828		
X31	0. 779		
X13		0. 833	
X22			0. 835
X23			0. 809
X21			0. 764

来源于：依据 SPSS23 统计整理所得

表 5-22 的数据显示，因子载荷的成分矩阵中所有题项的最大负载系数均大于 0. 5，符合研究要求，而且每个题项都能归属到预期主成分当中，可见量表结构性良好，达到本书研究要求。

2. 创业环境探索性因子分析

利用 SPSS23 进行探索性因子分析并对量表进行 KMO 和 Bartlett's 球形检验，结果如表 5-23 所示。

表 5-23　创业环境量表 KMO 和 Bartlett's 球形检验表

取样足够度的 Kaiser-Meyer-Olkin 度量值		0. 931
Bartlett's 球形检验	近似卡方	2635. 219
	df	66
	Sig.	0. 000

来源：依据 SPSS23 统计整理所得

由表 5-23 可知 KMO = 0. 931，大于 0. 7，表明这些变量之间具有相关性，是有效的，Bartlett's 球形检验值 Sig. <0. 001，表明问卷数据符合因子分析的前提要求。本书使用主成分分析法提取因子，及最大变异转轴法来估计因素之载荷量，以特征根大于 1 为提取原则进行因子分析，得到表 5-24。

表 5-24　创业环境量表总方差解释率分析表

总方差解释率									
成分	初始特征值			提取载荷平方和			旋转载荷平方和		
	总计	方差百分比	累积 %	总计	方差百分比	累积 %	总计	方差百分比	累积 %
1	6. 516	54. 303	54. 303	6. 516	54. 303	54. 303	4. 281	35. 675	35. 675
2	1. 973	16. 442	70. 745	1. 973	16. 442	70. 745	4. 208	35. 070	70. 745
3	0. 558	4. 653	75. 398						
4	0. 491	4. 089	79. 486						
5	0. 434	3. 613	83. 099						
6	0. 385	3. 209	86. 309						
7	0. 364	3. 033	89. 342						
8	0. 356	2. 963	92. 305						
9	0. 282	2. 353	94. 658						
10	0. 252	2. 098	96. 756						
11	0. 206	1. 718	98. 474						
12	0. 183	1. 526	100. 00						
提取方法：主成分分析法									

来源：依据 SPSS23 统计整理所得

从表 5-24 可以看出，通过因素分析总共得到 2 个因素，总方差解释率达到了 70. 745%，大于 50%，表明筛选出来的 2 个因素具有良好的代表性，各个测量题项的因素载荷见表 5-25。

表 5-25　创业环境各维度旋转因子载荷表

旋转后的成分矩阵		
	成　分	
	N2	N1
N21	0.876	
N25	0.844	
N23	0.826	
N24	0.797	
N22	0.791	
N26	0.724	
N11		0.846
N12		0.820
N15		0.801
N13		0.794
N16		0.792
N14		0.739

来源：依据 SPSS23 统计整理所得

表 5-25 的数据显示，因子载荷的成分矩阵中所有题项的最大负载系数均大于 0.5，符合研究要求，而且每个题项都能归属到预期主成分当中，可见量表结构性良好，达到本书研究要求。

3. 大学生创业学习探索性因子分析

利用 SPSS23 进行探索性因子分析并对量表进行 KMO 和 Bartlett's 球形检验，结果如表 5-26 所示。

表 5-26　大学生创业学习量表 KMO 和 Bartlett's 球形检验表

取样足够度的 Kaiser-Meyer-Olkin 度量值		0.888
Bartlett's 球形检验	近似卡方	1969.533
	df	66
	Sig.	0.000

来源：依据 SPSS23 统计整理所得

由表5-26可知KMO=0.888，大于0.7，表明这些变量之间具有相关性，是有效的，Bartlett's球形检验值Sig. <0.001，表明问卷数据符合因子分析的前提要求。本书使用主成分分析法提取因子，及最大变异转轴法来估计因素之载荷量，以特征根大于1为提取原则进行因子分析，得到表5-27。

表5-27 大学生创业学习量表总方差解释率分析表

总方差解释率									
成分	初始特征值			提取载荷平方和			旋转载荷平方和		
	总计	方差百分比	累积 %	总计	方差百分比	累积 %	总计	方差百分比	累积 %
1	5.323	44.355	44.355	5.323	44.355	44.355	3.378	28.153	28.153
2	1.871	15.591	59.946	1.871	15.591	59.946	2.948	24.568	52.721
3	1.419	11.828	71.775	1.419	11.828	71.775	2.286	19.054	71.775
4	0.508	4.231	76.006						
5	0.473	3.938	79.944						
6	0.423	3.524	83.469						
7	0.412	3.437	86.905						
8	0.372	3.099	90.004						
9	0.327	2.722	92.726						
10	0.322	2.687	95.413						
11	0.294	2.449	97.861						
12	0.257	2.139	100.000						
提取方法：主成分分析法									

来源：依据SPSS23统计整理所得

从表5-27可知，通过因素分析总共得到3个因素，总方差解释率达到了71.775%，大于50%，表明筛选出来的3个因素具有良好的代表性，各个测量题项的因素载荷见表 5-28。

表 5-28　大学生创业学习各维度旋转因子载荷表

旋转后的成分矩阵			
	成　分		
	M1	M3	M2
M15	0. 829		
M12	0. 812		
M13	0. 779		
M14	0. 778		
M11	0. 764		
M32		0. 823	
M31		0. 822	
M33		0. 822	
M34		0. 815	
M21			0. 846
M22			0. 845
M23			0. 800

来源：依据 SPSS23 统计整理所得

表 5-28 的数据显示，因子载荷的成分矩阵中所有题项的最大负载系数均大于 0. 5，符合研究要求，而且每个题项都能归属到预期主成分当中，可见量表结构性良好，达到本书研究要求。

4. 初创企业绩效探索性因子分析

利用 SPSS23 进行探索性因子分析并对量表进行 KMO 和 Bartlett's 球形检验，结果如表 5-29 所示。

表 5-29　初创企业绩效量表 KMO 和 Bartlett's 球形检验表

取样足够度的 Kaiser-Meyer-Olkin 度量值		0.838
Bartlett's 球形检验	近似卡方	1080.045
	df	21
	Sig.	0.000

来源：依据 SPSS23 统计整理所得

由表 5-29 可知 KMO = 0.838，大于 0.7，表明这些变量之间具有相关性，是有效的，Bartlett's 球形检验值 Sig. <0.001，表明问卷数据符合因子分析的前提要求。本书使用主成分分析法提取因子，及最大变异转轴法来估计因素之载荷量，以特征根大于 1 为提取原则进行因子分析，得到表 5-30。

表 5-30　初创企业绩效量表总方差解释率分析表

总方差解释率									
成分	初始特征值			提取载荷平方和			旋转载荷平方和		
	总计	方差百分比	累积 %	总计	方差百分比	累积 %	总计	方差百分比	累积 %
1	3.842	54.879	54.879	3.842	54.879	54.879	2.822	40.317	40.317
2	1.291	18.436	73.315	1.291	18.436	73.315	2.310	32.999	73.315
3	0.469	6.707	80.022						
4	0.462	6.604	86.626						
5	0.382	5.451	92.077						
6	0.302	4.314	96.391						
7	0.253	3.609	100.000						
提取方法：主成分分析法									

来源：依据 SPSS23 统计整理所得

从表 5-30 可以看出，通过因素分析总共得到 2 个因素，总方差解释率达到了 73. 315%，大于 50%，表明筛选出来的 2 个因素具有良好的代表性，各个测量题项的因素载荷见表 5-31。

表 5-31　初创企业绩效各维度旋转因子载荷表

旋转后的成分矩阵		
	成　　分	
	Y2	Y1
Y21	0. 848	
Y22	0. 816	
Y23	0. 813	
Y24	0. 791	
Y11		0. 872
Y12		0. 865
Y13		0. 784

来源：依据 SPSS23 统计整理所得

表 5-31 的数据显示，因子载荷的成分矩阵中所有题项的最大负载系数均大于 0. 5，符合研究要求，而且每个题项都能归属到预期主成分当中，可见量表结构性良好，达到本书研究要求。

三、验证性因素分析

1. 创业导向验证性因素分析

创业导向共有三个次级维度，分别为创新性、冒险性、先动性，共 9 个测量题项，执行验证性因素分析可得到表 5-32。

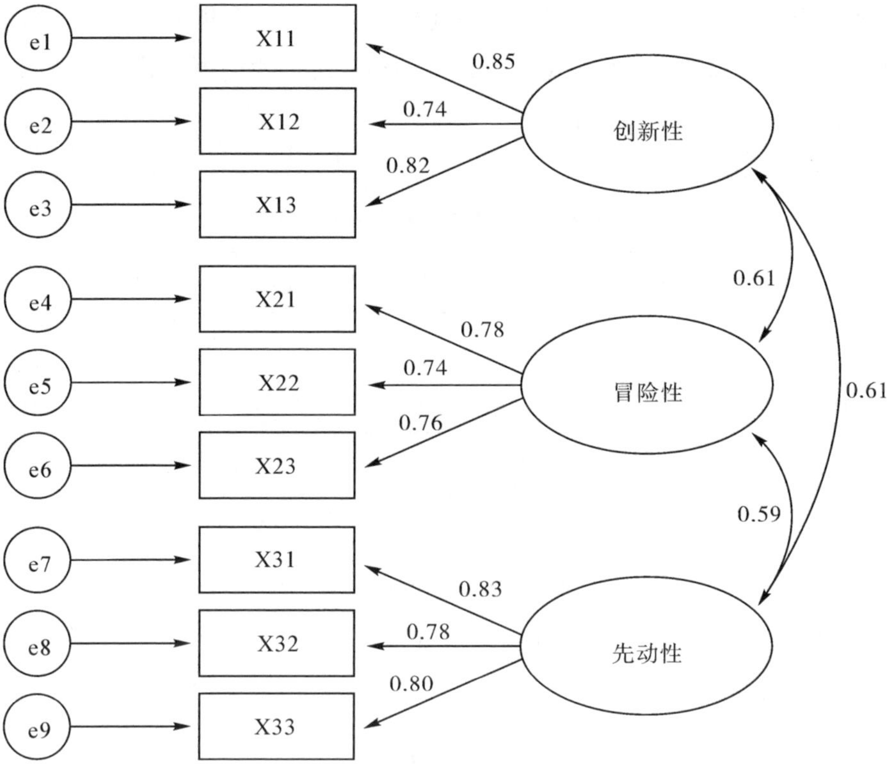

表 5-32　模型拟合度

拟合指标	CMIN/DF	RMR	RMSEA	GFI	AGFI	NFI	IFI	TLI	CFI
判断标准	<3	<0. 08	<0. 08	>0. 9	>0. 9	>0. 9	>0. 9	>0. 9	>0. 9
模型结果	1. 655	0. 044	0. 046	0. 973	0. 949	0. 971	0. 988	0. 982	0. 988
结论	合格	合格	合格	合格	可接受	合格	合格	合格	合格

来源：依据 AMOS23 统计整理所得

从表 5-32 可知 CMIN/DF 为 1. 655，小于 3 以下标准，表明模型拟合度较好。GFI、AGFI、NFI、TLI、IFI、CFI 均达到 0. 9 以上的标准，表明模型拟合度非常好。RMR 为 0.044，小于 0.08，RMSEA 为 0.046，小于 0.08，表明模型拟合度也非常好。由此可见，各个拟合指标均符合一般的研究标准，可以认为这个模型具有良好的适配度。我们再来看验证性因素分析结果：

表 5-33　验证性因素分析结果表

变量	题项	非标准化负荷	S. E.	C. R.	P	标准化负荷	CR	AVE
创新性	X11	1				0.848	0.847	0.649
	X12	0.833	0.06	13.867	***	0.739		
	X13	0.958	0.062	15.477	***	0.825		
冒险性	X21	1				0.784	0.808	0.583
	X22	1.04	0.086	12.137	***	0.742		
	X23	0.837	0.067	12.407	***	0.764		
先动性	X31	1				0.831	0.844	0.644
	X32	1.143	0.08	14.273	***	0.78		
	X33	1.165	0.08	14.534	***	0.796		

来源：依据 AMOS23 统计整理所得

表 5-33 显示，所有题项的标准化负荷均大于 0.6，均符合大于 0.5 而小于 0.95 的标准。组成信度(C. R.)均大于 0.7，平均变异萃取量(AVE)均大于 0.5，表明各个因素均具有良好的收敛效度。

2. 创业环境验证性因素分析

创业环境共有 2 个次级维度，分别为动态性、敌对性，共 12 个测量题项，执行验证性因素分析可得到表 5-34。

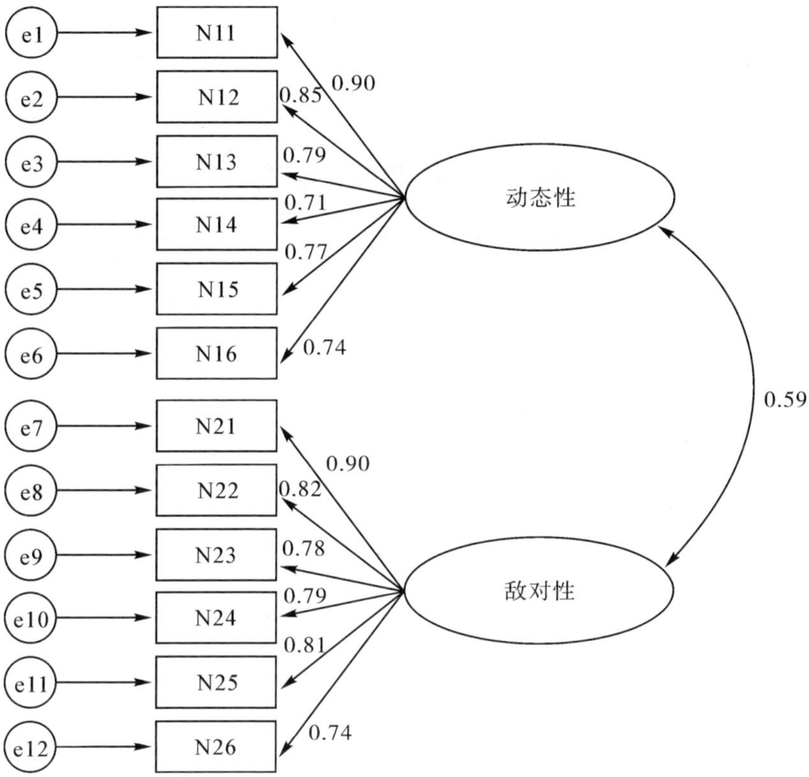

表 5-34　模型拟合度

拟合指标	CMIN/DF	RMR	RMSEA	GFI	AGFI	NFI	IFI	TLI	CFI
判断标准	<3	<0.08	<0.08	>0.9	>0.9	>0.9	>0.9	>0.9	>0.9
模型结果	1.895	0.048	0.053	0.952	0.929	0.962	0.982	0.977	0.982
结论	合格	合格	合格	合格	可接受	合格	合格	合格	合格

来源：依据 AMOS23 统计整理所得

从表 5-34 可知 CMIN/DF 为 1.895，小于 3 以下标准，表明模型拟合度较好。GFI、AGFI、NFI、TLI、IFI、CFI 均达到 0.9 以上的标准，表明模型拟合度非常好。RMR 为 0.048，小于 0.08，RMSEA 为 0.053，小于 0.08，表明模型拟合度也非常好。由此可见，各个拟合指标均符合一般的研究标准，可以认为这个模型具有良好的适配度。我们再来看验证性因素分析结果：

表 5-35　验证性因素分析结果表

变量	题项	非标准化负荷	S. E.	C. R.	P	标准化负荷	CR	AVE
动态性	N11	1				0.896	0.912	0.634
	N12	0.928	0.045	20.625	***	0.848		
	N13	0.864	0.047	18.222	***	0.794		
	N14	0.786	0.052	15.115	***	0.709		
	N15	0.944	0.054	17.343	***	0.771		
	N16	0.693	0.042	16.354	***	0.745		
敌对性	N21	1				0.922	0.921	0.661
	N22	0.774	0.038	20.459	***	0.82		
	N23	0.907	0.049	18.704	***	0.784		
	N24	0.912	0.048	18.999	***	0.79		
	N25	0.888	0.044	19.969	***	0.81		
	N26	0.781	0.046	16.856	***	0.741		

来源：依据 AMOS23 统计整理所得

表 5-35 显示，所有题项的标准化负荷均大于 0.6，均符合大于 0.5 而小于 0.95 的标准。组成信度(C. R.)均大于 0.7，平均变异萃取量(AVE)均大于 0.5，表明各个因素均具有良好的收敛效度。

3. 大学生创业学习验证性因素分析

创业学习共有 3 个次级维度，分别为认知学习、经验学习、实践学习，共 12 个测量题项，执行验证性因素分析可得到表 5-36。

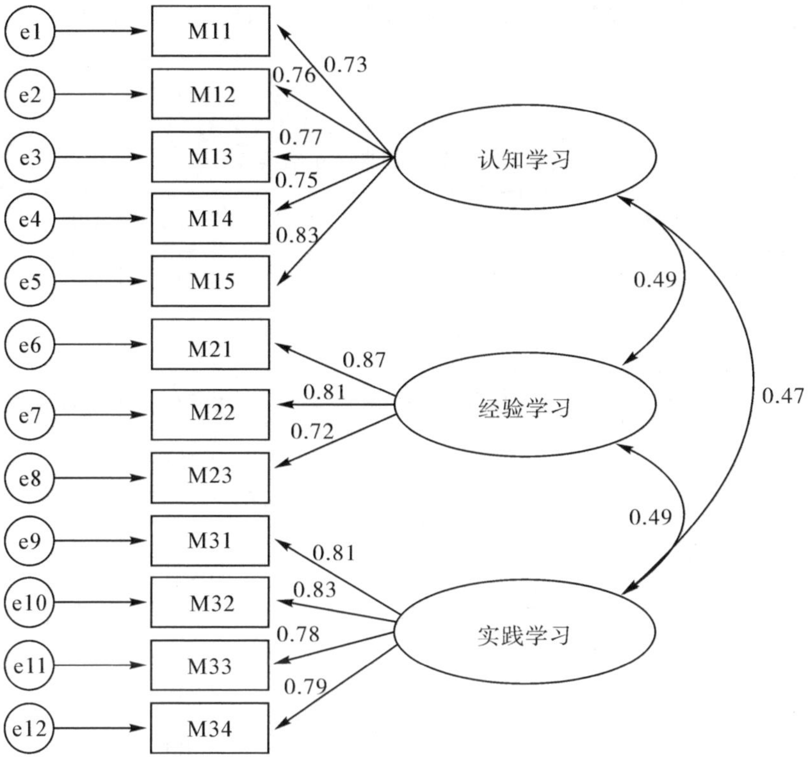

表 5-36 模型拟合度

拟合指标	CMIN/DF	RMR	RMSEA	GFI	AGFI	NFI	IFI	TLI	CFI
判断标准	<3	<0.08	<0.08	>0.9	>0.9	>0.9	>0.9	>0.9	>0.9
模型结果	1.066	0.04	0.014	0.972	0.957	0.973	0.998	0.998	0.998
结论	合格	合格	合格	合格	可接受	合格	合格	合格	合格

来源：依据 AMOS23 统计整理所得

从表 5-36 可知 CMIN/DF 为 1.066，小于 3 以下标准，表明模型拟合度较好。GFI、AGFI、NFI、TLI、IFI、CFI 均达到 0.9 以上的标准，表明模型拟合度非常好。RMR 为 0.04，小于 0.08，RMSEA 为 0.014，小于 0.08，

表明模型拟合度也非常好。由此可见，各个拟合指标均符合一般的研究标准，可以认为这个模型具有良好的适配度。我们再来看验证性因素分析结果：

表 5-37　验证性因素分析结果表

变量	题项	非标准化负荷	S. E.	C. R.	P	标准化负荷	CR	AVE
认知学习	M11	1				0.735	0.88	0.595
	M12	1.076	0.083	13.005	***	0.762		
	M13	1.107	0.084	13.161	***	0.771		
	M14	1.087	0.085	12.841	***	0.753		
	M15	1.159	0.082	14.157	***	0.832		
经验学习	M21	1				0.874	0.843	0.644
	M22	0.907	0.061	14.956	***	0.806		
	M23	0.836	0.062	13.396	***	0.719		
实践学习	M31	1				0.814	0.878	0.644
	M32	1.054	0.066	15.878	***	0.825		
	M33	1.005	0.067	14.911	***	0.782		
	M34	0.952	0.063	15.001	***	0.786		

来源：依据 AMOS23 统计整理所得

表 5-37 显示，所有题项的标准化负荷均大于 0.6，均符合大于 0.5 而小于 0.95 的标准。组成信度（C. R.）均大于 0.7，平均变异萃取量（AVE）均大于 0.5，表明各个因素均具有良好的收敛效度。

4. 初创企业绩效验证性因素分析

企业绩效共有 2 个次级维度，分别为财务绩效、成长绩效，共 7 个测量题项，执行验证性因素分析可得到表 5-38。

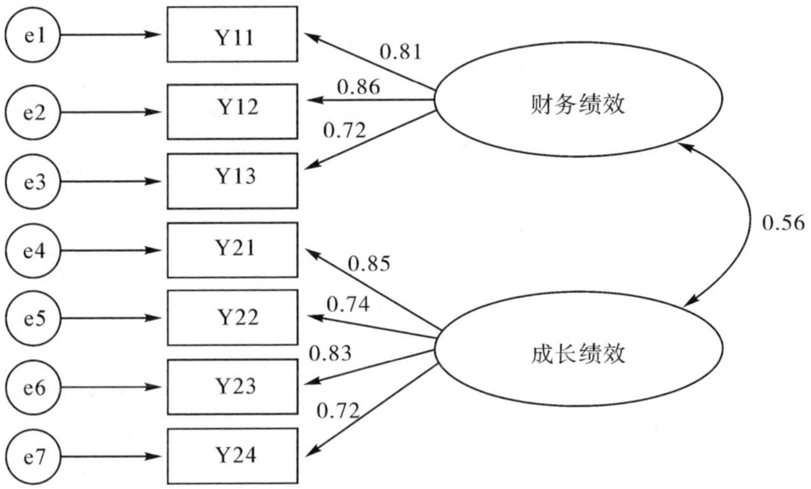

表 5-38　模型拟合度

拟合指标	CMIN/DF	RMR	RMSEA	GFI	AGFI	NFI	IFI	TLI	CFI
判断标准	<3	<0.08	<0.08	>0.9	>0.9	>0.9	>0.9	>0.9	>0.9
模型结果	2.009	0.039	0.057	0.978	0.952	0.976	0.988	0.980	0.988
结论	合格	合格	合格	合格	可接受	合格	合格	合格	合格

来源：依据 AMOS23 统计整理所得

从表 5-38 可知 CMIN/DF 为 2.009，小于 3 以下标准，表明模型拟合度较好。GFI、AGFI、NFI、TLI、IFI、CFI 均达到 0.9 以上的标准，表明模型拟合度非常好。RMR 为 0.039，小于 0.08，RMSEA 为 0.057，小于 0.08，表明模型拟合度也非常好。由此可见，各个拟合指标均符合一般的研究标准，可以认为这个模型具有良好的适配度。我们再来看验证性因素分析结果：

表 5-39 验证性因素分析结果表

变量	题项	非标准化负荷	S. E.	C. R.	P	标准化负荷	CR	AVE
财务绩效	Y11	1				0.811	0.841	0.639
	Y12	1.06	0.072	14.622	***	0.857		
	Y13	0.879	0.068	12.974	***	0.725		
成长绩效	Y21	1				0.846	0.867	0.621
	Y22	0.871	0.061	14.403	***	0.743		
	Y23	0.93	0.056	16.497	***	0.831		
	Y24	0.903	0.065	13.919	***	0.724		

来源：依据 AMOS23 统计整理所得

表 5-39 显示，所有题项的标准化负荷均大于 0.6，均符合大于 0.5 而小于 0.95 的标准。组成信度(C. R.)均大于 0.7，平均变异萃取量(AVE)均大于 0.5，表明各个因素均具有良好的收敛效度。

第四节 Pearson 相关分析

前文通过效度分析及信度分析确定了维度的结构及对应的题目，并将各个维度的题目得分平均值计算出来作为这个维度的得分，我们可在此基础上再进行相关性分析。相关性分析主要是研究变量之间的相关关系，通过 Pearson 相关系数对各变量各维度间的相关性进行检验。通常标准是，Pearson 相关系数在[-1，1]中取值，当 Pearson 相关系数>0 时，可认为存在正相关关系。当 Pearson 相关系数<0 时，则被认为存在负相关关系。0<Pearson 相关系数<0.3 为弱相关，0.3<Pearson 相关系数<0.5 为低度相关，0.5<Pearson 相关系数<0.8 为显著相关，0.8<Pearson 相关系数为高度相关。其相关显著程度以 Pearson 相关系数绝对值衡量，绝对值越大，表明变量之间的相关越为紧密，详见表 5-40。

表 5-40 各维度变量间相关分析检验结果表

	X1	X2	X3	N1	N2	M1	M2	M3	Y1	Y2
X1	1									
X2	0. 497**	1								
X3	0. 502**	0. 473**	1							
N1	0. 214**	0. 185**	0. 216**	1						
N2	0. 217**	0. 211**	0. 185**	0. 537**	1					
M1	0. 405**	0. 406**	0. 487**	0. 238**	0. 247**	1				
M2	0. 429**	0. 439**	0. 526**	0. 245**	0. 255**	0. 408**	1			
M3	0. 533**	0. 478**	0. 464**	0. 199**	0. 237**	0. 418**	0. 436**	1		
Y1	0. 526**	0. 513**	0. 469**	0. 256**	0. 285**	0. 486**	0. 471**	0. 468**	1	
Y2	0. 450**	0. 534**	0. 517**	0. 246**	0. 259**	0. 536**	0. 456**	0. 491**	0. 488**	1

注：* 表示 $p<0.05$；** 表示 $p<0.01$，后同

来源：依据 SPSS23 统计整理所得

从表 5-40 检验的各值结果看，各变量之间均显著正相关。

第五节 假设检验与回归分析

前文检验了量表的信度和效度水平，并对各变量进行了描述性统计分析以及相关性分析，为了验证文章所提假设，本节将通过线性回归方法分析创业导向与初创企业绩效、创业导向与大学生创业学习、大学生创业学习和初创企业绩效之间的关系。此外，本书还将大学生创业学习设定为中介变量以分析它在创业导向和初创企业绩效之间的中介作用。同时，本书引入创业环境这一调节变量，以观察它在创业导向与大学生创业学习、大

学生创业学习和初创企业绩效之间是否存在调节效应。

一、创业导向与初创企业绩效的回归分析

1. 创业导向与初创企业绩效的回归分析

以性别、年龄、学历、就读学校类别、创业时间、家庭成员是否经商、所学专业关系作为控制变量，创业导向作为自变量，初创企业绩效作为因变量进行回归分析，回归结果见表 5-41。从模型 1 中可以看出，控制变量中只有创业时间、家庭成员是否经商及所学专业关系对初创企业绩效具有显著影响，其他均不显著。此外，创业导向对初创企业绩效的影响作用显著（$\beta=0.707$ 且 $p<0.001$）。由此可见，创业导向对初创企业绩效有直接影响这一观点得到验证，即假设 H1“创业导向对初创企业绩效存在显著的正向影响”成立。

表 5-41　创业导向与初创企业绩效的回归分析

	初创企业绩效	
	模型 1	模型 2
	β	β
性别	−0.042	0.006
年龄	−0.08	−0.029
学历	−0.115	0.047
就读学校类别	−0.04	−0.043
创业时间	0.138*	0.075
家庭成员是否经商	−0.138*	−0.057
所学专业关系	0.13*	−0.001
创业导向		0.707***
R 方	0.073	0.517
调整后 R 方	0.052	0.505
F	3.48**	41.093***

注：*** 表示 $p<0.001$，后同

来源：依据 SPSS23 统计整理所得

2. 创业导向各维度与财务绩效的回归分析

本书所研究的创业导向包括创新性、冒险性和先动性三个维度，而初创企业绩效则通过财务绩效和成长绩效来度量。在对创业导向与初创企业绩效关系进行验证之后，本节将分析创业导向各维度与财务绩效和成长绩效之间的关系。具体做法是：以性别、年龄、学历、就读学校类别、创业时间、家庭成员是否经商、所学专业关系作为控制变量，将创新性、冒险性和先动性三个维度作为自变量，再以财务绩效作为因变量进行线性回归，回归结果见表 5-42。

表 5-42　创业导向各个维度与财务绩效的回归分析

	初创企业绩效的财务绩效	
	模型 1	模型 2
	β	β
性别	-0.036	0.002
年龄	-0.065	-0.024
学历	-0.1	0.046
就读学校类别	-0.002	-0.008
创业时间	0.067	0.018
家庭成员是否经商	-0.114*	-0.041
所学专业关系	0.14*	0.021
创业导向的创新性		0.287***
创业导向的冒险性		0.281***
创业导向的先动性		0.193**
R 方	0.048	0.389
调整后 R 方	0.026	0.369
F	2.201*	19.437***

来源：依据 SPSS23 统计整理所得

首先，表5-42中模型2的R方为0.389，说明模型拟合程度尚可，创新性、冒险性、先动性可以解释财务绩效38.9%的变化。其次，从模型1中可以看出，控制变量中只有家庭成员是否经商及所学专业关系对初创企业绩效的财务绩效具有显著影响，其他均不显著。最后，创新性对财务绩效（$\beta=0.287$，$p<0.001$）具有显著正向影响，假设成立；冒险性对财务绩效（$\beta=0.281$，$p<0.001$）具有显著正向影响，假设成立；先动性对财务绩效（$\beta=0.193$，$p<0.01$）具有显著正向影响，假设成立。可见本检验回归结果显著，假设H1a、H1b、H1c成立。

3. 创业导向各维度与成长绩效的回归分析

以性别、年龄、学历、就读学校类别、创业时间、家庭成员是否经商、所学专业关系作为控制变量，以创新性、冒险性、先动性作为自变量，成长绩效作为因变量，进行多元回归分析得到表5-43。

表5-43 创业导向各个维度与成长绩效的回归分析

	初创企业绩效的成长绩效	
	模型1	模型2
	β	β
性别	-0.036	-0.008
年龄	-0.073	-0.033
学历	-0.099	0.044
就读学校类别	-0.07	-0.065
创业时间	0.175**	0.12*
家庭成员是否经商	-0.125*	-0.062
所学专业关系	0.083	-0.028
创业导向的创新性		0.142*
创业导向的冒险性		0.329***
创业导向的先动性		0.277***

续表

	初创企业绩效的成长绩效	
	模型 1	模型 2
	β	β
R 方	0.07	0.405
调整后 R 方	0.049	0.386
F	3.322**	20.8***

来源：依据 SPSS23 统计整理所得

由表 5-43 可知，首先，模型 2 的 R 方为 0.405，说明模型拟合程度尚可，创新性、冒险性、先动性可以解释成长绩效 40.5%的变化。其次，从模型 1 中可以看出，控制变量中只有家庭成员是否经商及创业时间对初创企业绩效的成长绩效具有显著影响，其他均不显著。最后，创新性对成长绩效($\beta=0.142$，$p<0.05$)具有显著正向影响，假设成立；冒险性对成长绩效($\beta=0.329$，$p<0.001$)具有显著正向影响，假设成立；先动性对成长绩效($\beta=0.277$，$p<0.001$)具有显著正向影响，假设成立。可见本检验回归结果显著，假设 H1d、H1e、H1f 成立。

二、创业导向与大学生创业学习的回归分析

1. 创业导向与大学生创业学习的回归分析

本节以性别、年龄、学历、就读学校类别、创业时间、家庭成员是否经商、所学专业关系作为控制变量，创业导向作为自变量，大学生创业学习作为因变量进行线性回归，回归结果见表 5-44。从模型 1 中可以看出，控制变量中只有学历、家庭成员是否经商及所学专业关系对大学生创业学习具有显著影响，其他均不显著。此外，创业导向对大学生创业学习的影响作用显著($\beta=0.694$ 且 $P<0.001$)。由此可见，创业导向对大学生创业学习的直接影响得到了验证，即假设 H2“创业导向对大学生创业学习存在显

著正向影响”成立。

表 5-44　创业导向与大学生创业学习的回归分析

	大学生创业学习	
	模型 1	模型 2
	β	β
性别	−0.104	−0.057
年龄	−0.111	−0.061
学历	−0.206**	−0.047
就读学校类别	−0.018	−0.021
创业时间	0.107	0.046
家庭成员是否经商	−0.138*	−0.059
所学专业关系	0.153**	0.025
创业导向		0.694***
R 方	0.116	0.544
调整后 R 方	0.096	0.532
F	5.773***	45.711***

来源：依据 SPSS23 统计整理所得

2. 创业导向各维度与认知学习的回归分析

本书的创业导向包括创新性、冒险性和先动性三个维度，而大学生创业学习则通过认知学习、经验学习、实践学习三个维度来度量。因此，在对创业导向与大学生创业学习的关系进行验证之后，本节将分析创业导向各维度与大学生创业学习各维度之间的关系。以性别、年龄、学历、就读学校类别、创业时间、家庭成员是否经商、所学专业关系作为控制变量，以创新性、冒险性、先动性作为自变量，认知学习作为因变量，进行多元回归分析得到表 5-45。

表 5-45　创业导向各个维度与认知学习的回归分析

	大学生创业学习的认知学习	
	模型 1	模型 2
	β	β
性别	−0. 124*	−0. 092
年龄	−0. 098	−0. 06
学历	−0. 177	−0. 066
就读学校类别	0. 005	0. 011
创业时间	0. 17*	0. 12*
家庭成员是否经商	−0. 128*	−0. 076
所学专业关系	0. 077	−0. 009
创业导向的创新性		0. 133*
创业导向的冒险性		0. 174**
创业导向的先动性		0. 303***
R 方	0. 094	0. 319
调整后 R 方	0. 073	0. 297
F	4. 561***	14. 319***

来源：依据 SPSS23 统计整理所得

由表 5-45 可知，首先，模型 2 的 R 方为 0. 319，说明模型拟合程度尚可，创新性、冒险性、先动性可以解释认知学习 31. 9%的变化。其次，从模型 1 中可以看出，控制变量中只有性别、家庭成员是否经商及创业时间对大学生创业学习的认知学习具有显著影响，其他均不显著。最后，创新性对认知学习（$\beta=0.133$，$p<0.05$）具有显著正向影响，假设成立；冒险性对认知学习（$\beta=0.174$，$p<0.01$）具有显著正向影响，假设成立；先动性对认知学习（$\beta=0.303$，$p<0.001$）具有显著正向影响，假设成立。可见本检

验回归结果显著，假设 H2a、H2b、H2c 成立。

3. 创业导向各维度与经验学习的回归分析

以性别、年龄、学历、就读学校类别、创业时间、家庭成员是否经商、所学专业关系作为控制变量，创新性、冒险性、先动性作为自变量，经验学习作为因变量，进行多元回归分析得到表 5-46。

表 5-46　创业导向各个维度与经验学习的回归分析

	大学生创业学习的经验学习	
	模型 1	模型 2
	β	β
性别	-0.004	0.033
年龄	-0.024	0.02
学历	-0.192**	-0.07
就读学校类别	0.012	0.021
创业时间	-0.018	-0.076
家庭成员是否经商	-0.149**	-0.092
所学专业关系	0.158**	0.064
创业导向的创新性		0.139*
创业导向的冒险性		0.175**
创业导向的先动性		0.362***
R 方	0.076	0.358
调整后 R 方	0.055	0.337
F	3.61**	16.994***

来源：依据 SPSS23 统计整理所得

由表 5-46 可知，首先，模型 2 的 R 方为 0.358，说明模型拟合程度尚可，创新性、冒险性、先动性可以解释经验学习 35.8%的变化。其次，从模型 1 中可以看出，控制变量中只有学历、家庭成员是否经商及所学专业关系对大学生创业学习的经验学习具有显著影响，其他均不显著。最后，创新性对经验学习(β=0.139，p<0.05)具有显著正向影响，假设成立；冒险性对经验学习(β=0.175，p<0.01)具有显著正向影响，假设成立；先动性对经验学习(β=0.362，p<0.001)具有显著正向影响，假设成立。可见本检验回归结果显著，假设 H2d、H2e、H2f 成立。

4. 创业导向各维度与实践学习的回归分析

以性别、年龄、学历、就读学校类别、创业时间、家庭成员是否经商、所学专业关系作为控制变量，创新性、冒险性、先动性作为自变量，实践学习作为因变量，进行多元回归分析得到表 5-47。

表 5-47　创业导向各个维度与实践学习的回归分析

	大学生创业学习的实践学习	
	模型 1	模型 2
	β	β
性别	-0.118*	-0.077
年龄	-0.142*	-0.102
学历	-0.115	0.021
就读学校类别	-0.059	-0.069
创业时间	0.105	0.058
家庭成员是否经商	-0.048	0.023
所学专业关系	0.123*	0.011
创业导向的创新性		0.317***
创业导向的冒险性		0.224***
创业导向的先动性		0.177**

续表

	大学生创业学习的实践学习	
	模型 1	模型 2
	β	β
R 方	0.079	0.386
调整后 R 方	0.058	0.366
F	3.761**	19.186***

来源：依据 SPSS23 统计整理所得

由表 5-47 可知，首先，模型 2 的 R 方为 0.386，说明模型拟合程度尚可，创新性、冒险性、先动性可以解释实践学习 38.6%的变化。其次，从模型 1 中可以看出，控制变量中只有性别、年龄及所学专业关系对大学生创业学习的实践学习具有显著影响，其他均不显著。最后，创新性对实践学习($\beta=0.317$，$p<0.001$)具有显著正向影响，假设成立；冒险性对实践学习($\beta=0.224$，$p<0.001$)具有显著正向影响，假设成立；先动性对实践学习($\beta=0.177$，$p<0.01$)具有显著正向影响，假设成立。可见本检验回归结果显著，假设 H2g、H2h、H2i 成立。

三、大学生创业学习与初创企业绩效的回归分析

1. 大学生创业学习与初创企业绩效的回归分析

本节以性别、年龄、学历、就读学校类别、创业时间、家庭成员是否经商、所学专业关系作为控制变量，大学生创业学习作为自变量，初创企业绩效作为因变量进行线性回归，回归结果见表 5-48。从模型 1 中可以看出，控制变量中只有创业时间、家庭成员是否经商及所学专业关系对初创企业绩效具有显著影响，其他均不显著。此外，大学生创业学习对初创企业绩效的影响作用显著($\beta=0.711$，$P<0.001$)。由此可见，大学生创业学习对初创企业绩效的直接影响得到了验证，即假设 H3“大学生创业学习对

初创企业绩效存在显著正向影响”成立。

表 5-48　大学生创业学习与初创企业绩效的回归分析

	初创企业绩效	
	模型 1	模型 2
	β	β
性别	-0.042	0.032
年龄	-0.08	-0.001
学历	-0.115	0.031
就读学校类别	-0.04	-0.028
创业时间	0.138*	0.062
家庭成员是否经商	-0.138*	-0.04
所学专业关系	0.13*	0.021
大学生创业学习		0.711***
R 方	0.073	0.52
调整后 R 方	0.052	0.507
F	3.48**	41.525***

来源：依据 SPSS23 统计整理所得

2. 大学生创业学习各维度与财务绩效的回归分析

本书的初创企业绩效包括财务绩效和成长绩效两个维度，而大学生创业学习则通过认知学习、经验学习、实践学习三个维度来度量。因此，在对大学生创业学习与初创企业绩效的关系进行验证之后，本节将分析大学生创业学习各维度与初创企业绩效两个变量之间的关系。

以性别、年龄、学历、就读学校类别、创业时间、家庭成员是否经商、所学专业关系作为控制变量，认知学习、经验学习、实践学习作为自变量，财务绩效作为因变量，进行多元回归分析得到表 5-49。

表 5-49 大学生创业学习各个维度与财务绩效的回归分析

	初创企业绩效的财务绩效	
	模型 1	模型 2
	β	β
性别	-0. 036	0. 03
年龄	-0. 065	0. 003
学历	-0. 1	0. 026
就读学校类别	-0. 002	0. 008
创业时间	0. 067	-0. 003
家庭成员是否经商	-0. 114*	-0. 029
所学专业关系	0. 14*	0. 049
大学生创业学习的认知学习		0. 288***
大学生创业学习的经验学习		0. 243***
大学生创业学习的实践学习		0. 244***
R 方	0. 048	0. 373
调整后 R 方	0. 026	0. 353
F	2. 201*	18. 168***

来源：依据 SPSS23 统计整理所得

由表 5-49 可知，首先，模型 2 的 R 方为 0. 373，说明模型拟合程度尚可，认知学习、经验学习、实践学习可以解释财务绩效 37. 3%的变化。其次，从模型 1 中可以看出，控制变量中只有家庭成员是否经商及所学专业关系对初创企业绩效的财务绩效具有显著影响，其他均不显著。最后，认知学习对财务绩效（$\beta=0.288$，$p<0.001$）具有显著正向影响，假设成立；经验学习对财务绩效（$\beta=0.243$，$p<0.001$）具有显著正向影响，假设成立；

实践学习对财务绩效($\beta=0.244$，$p<0.001$)具有显著正向影响，假设成立。可见本检验回归结果显著，假设 H3a、H3b、H3c 成立。

3. 大学生创业学习各维度与成长绩效的回归分析

以性别、年龄、学历、就读学校类别、创业时间、家庭成员是否经商、所学专业关系作为控制变量，认知学习、经验学习、实践学习作为自变量，成长绩效作为因变量，进行多元回归分析得到表 5-50。

表 5-50　大学生创业学习各个维度与成长绩效回归分析

	初创企业绩效的成长绩效	
	模型 1	模型 2
	β	β
性别	-0.036	0.036
年龄	-0.073	0.001
学历	-0.099	0.029
就读学校类别	-0.07	-0.059
创业时间	0.175**	0.096
家庭成员是否经商	-0.125*	-0.04
所学专业关系	0.083	-0.007
大学生创业学习的认知学习		0.332***
大学生创业学习的经验学习		0.207***
大学生创业学习的实践学习		0.257***
R 方	0.07	0.416
调整后 R 方	0.049	0.397
F	3.322**	21.757***

来源：依据 SPSS23 统计整理所得

由表 5-50 可知，首先，模型 2 的 R 方为 0.416，说明模型拟合程度尚可，认知学习、经验学习、实践学习可以解释成长绩效41.6%的变化。其次，从模型1中可以看出，控制变量中只有家庭成员是否经商及创业时间对初创企业绩效的成长绩效具有显著影响，其他均不显著。最后，认知学习对成长绩效($\beta=0.332$，$p<0.001$)具有显著正向影响，假设成立；经验学习对成长绩效($\beta=0.207$，$p<0.001$)具有显著正向影响，假设成立；实践学习对成长绩效($\beta=0.257$，$p<0.001$)具有显著正向影响，假设成立。可见本检验回归结果显著，假设H3d、H3e、H3f成立。

四、创业导向、大学生创业学习和初创企业绩效之间的回归分析

前文主要分析了创业导向与初创企业绩效、创业导向与大学生创业学习、大学生创业学习与初创企业绩效三组变量之间的关系。而现有研究认为创业导向对企业绩效既有直接作用，又有间接作用。Covin和Slevin(1991)曾指出公司创业活动与组织绩效之间的关系要受第三方变量的影响，且第三方变量会导致不同绩效。此后，Cepeda和Vera(2007)等人发现只有加入这些中介变量才能有效解释创业导向通过何种机制作用于企业绩效。因此，本节以大学生创业学习作为中介变量试图分析它是否在创业导向和初创企业绩效之间存在中介作用。

1. 大学生创业学习对创业导向与初创企业绩效的中介效应回归分析

以性别、年龄、学历、就读学校类别、创业时间、家庭成员是否经商、所学专业关系作为控制变量，创业导向作为自变量，大学生创业学习作为中介变量，初创企业绩效作为因变量，进行中介检验得到表5-51。

表 5-51　大学生创业学习对创业导向与初创企业绩效的中介效应分析

	初创企业绩效		大学生创业学习		初创企业绩效
	模型 1	模型 2	模型 3	模型 4	模型 5
	β	β	β	β	β
性别	-0.042	0.006	-0.104	-0.057	0.03
年龄	-0.08	-0.029	-0.111	-0.061	-0.003
学历	-0.115	0.047	-0.206**	-0.047	0.067
就读学校类别	-0.04	-0.043	-0.018	-0.021	-0.034
创业时间	0.138*	0.075	0.107	0.046	0.056
家庭成员是否经商	-0.138*	-0.057	-0.138*	-0.059	-0.032
所学专业关系	0.13*	-0.001	0.153**	0.025	-0.011
创业导向		0.707***		0.694***	0.414***
大学生创业学习					0.422***
R 方	0.073	0.517	0.116	0.544	0.598
调整后 R 方	0.052	0.505	0.096	0.532	0.587
F	3.48**	41.093***	5.773***	45.711***	50.65***

来源：依据 SPSS23 统计整理所得

从模型 1 中可看出，控制变量中只有创业时间、家庭成员是否经商及所学专业关系对初创企业绩效具有显著影响，其他均不显著；在模型 2 中，创业导向对初创企业绩效具有显著正向影响；在模型 4 中，创业导向对大学生创业学习具有显著正向影响；在模型 5 中，大学生创业学习对初创企业绩效具有显著正向影响，创业导向对初创企业绩效的标准化系数由 0.707 下降为 0.414，且仍具有显著影响，表明大学生创业学习在创业导向对初创企业绩效的影响中具有部分中介作用，假设 H4“大学生创业学习在创业导向与初创企业绩效关系中具有中介作用”成立。

2. 认知学习对创业导向各维度与财务绩效的中介效应分析

以性别、年龄、学历、就读学校类别、创业时间、家庭成员是否经商、所学专业关系作为控制变量，创业导向的创新性、冒险性、先动性作为自变量，认知学习作为中介变量，财务绩效作为因变量，进行中介检验得到表 5-52。

表 5-52　认知学习对创业导向各维度与财务绩效的中介效应分析

	财务绩效		大学生创业学习的认知学习		财务绩效
	模型 1	模型 2	模型 3	模型 4	模型 5
	β	β	β	β	β
性别	-0.036	0.002	-0.124*	-0.092	0.024
年龄	-0.065	-0.024	-0.098	-0.06	-0.01
学历	-0.1	0.046	-0.177	-0.066	0.062
就读学校类别	-0.002	-0.008	0.005	0.011	-0.011
创业时间	0.067	0.018	0.17*	0.12*	-0.011
家庭成员是否经商	-0.114*	-0.041	-0.128*	-0.076	-0.023
所学专业关系	0.14*	0.021	0.077	-0.009	0.023
创业导向的创新性		0.287***		0.133*	0.255***
创业导向的冒险性		0.281***		0.174**	0.24***
创业导向的先动性		0.193**		0.303***	0.121*
大学生创业学习的认知学习					0.237***
R 方	0.048	0.389	0.094	0.319	0.427
调整后 R 方	0.026	0.369	0.073	0.297	0.407
F	2.201*	19.437***	4.561***	14.319***	20.624***

来源：依据 SPSS23 统计整理所得

从模型 1 中可看出，控制变量中只有家庭成员是否经商及所学专业关系对初创企业绩效的财务绩效具有显著影响，其他均不显著；在模型 2 中，创新性、冒险性、先动性对财务绩效均具有显著的正向影响；在模型 4 中，创新性、冒险性、先动性对认知学习均具有显著的正向影响；在模型 5 中，认知学习对财务绩效具有显著正向影响，创新性对财务绩效的标准化系数由 0. 287 下降为 0. 255，且仍具有显著影响，表明认知学习在创新性对财务绩效的影响中具有部分中介作用，假设成立；冒险性对财务绩效的标准化系数由 0. 281 下降为 0. 24，且仍具有显著影响，表明认知学习在冒险性对财务绩效的影响中具有部分中介作用，假设成立；先动性对财务绩效的标准化系数由 0. 193 下降为 0. 121，且仍具有显著影响，表明认知学习在先动性对财务绩效的影响中具有部分中介作用，假设成立。可见本检验回归结果显著，假设 H4a、H4b、H4c 成立。

3. 经验学习对创业导向各维度与财务绩效的中介效应分析

以性别、年龄、学历、就读学校类别、创业时间、家庭成员是否经商、所学专业关系作为控制变量，创业导向的创新性、冒险性、先动性作为自变量，经验学习作为中介变量，财务绩效作为因变量，进行中介检验得到表 5-53。

表 5-53 经验学习对创业导向各维度与财务绩效的中介效应分析

	财务绩效		大学生创业学习的经验学习		财务绩效
	模型 1	模型 2	模型 3	模型 4	模型 5
	β	β	β	β	β
性别	-0. 036	0. 002	-0. 004	0. 033	-0. 004
年龄	-0. 065	-0. 024	-0. 024	0. 02	-0. 028
学历	-0. 1	0. 046	-0. 192**	-0. 07	0. 059
就读学校类别	-0. 002	-0. 008	0. 012	0. 021	-0. 012
创业时间	0. 067	0. 018	-0. 018	-0. 076	0. 032
家庭成员是否经商	-0. 114*	-0. 041	-0. 149**	-0. 092	-0. 024
所学专业关系	0. 14*	0. 021	0. 158**	0. 064	0. 009
创业导向的创新性		0. 287***		0. 139*	0. 26***

续表

	财务绩效		大学生创业学习的经验学习		财务绩效
	模型 1	模型 2	模型 3	模型 4	模型 5
	β	β	β	β	β
创业导向的冒险性		0.281***		0.175**	0.248***
创业导向的先动性		0.193**		0.362***	0.124*
大学生创业学习的经验学习					0.19**
R 方	0.048	0.389	0.076	0.358	0.412
调整后 R 方	0.026	0.369	0.055	0.337	0.391
F	2.201*	19.437***	3.61**	16.994***	19.389***

来源：依据 SPSS23 统计整理所得

从模型 1 中可看出，控制变量中只有家庭成员是否经商及所学专业关系对初创企业绩效的财务绩效具有显著影响，其他均不显著；在模型 2 中，创新性、冒险性、先动性对财务绩效均具有显著的正向影响；在模型 4 中，创新性、冒险性、先动性对经验学习均具有显著的正向影响；在模型 5 中，经验学习对财务绩效具有显著正向影响，创新性对财务绩效的标准化系数由 0.287 下降为 0.26，且仍具有显著影响，表明经验学习在创新性对财务绩效的影响中具有部分中介作用，假设成立；冒险性对财务绩效的标准化系数由 0.281 下降为 0.248，且仍具有显著影响，表明经验学习在冒险性对财务绩效的影响中具有部分中介作用，假设成立；先动性对财务绩效的标准化系数由 0.193 下降为 0.124，且仍具有显著影响，表明经验学习在先动性对财务绩效的影响中具有部分中介作用，假设成立。可见本检验回归结果显著，假设 H4g、H4h、H4i 成立。

4. 实践学习对创业导向各维度与财务绩效的中介效应分析

以性别、年龄、学历、就读学校类别、创业时间、家庭成员是否经商、所学专业关系作为控制变量，创业导向的创新性、冒险性、先动性作为自变量，实践学习作为中介变量，财务绩效作为因变量，进行中介检验得到表 5-54。

表 5-54　实践学习对创业导向各维度与财务绩效的中介效应分析

	财务绩效		大学生创业学习的实践学习		财务绩效
	模型 1	模型 2	模型 3	模型 4	模型 5
	β	β	β	β	β
性别	−0.036	0.002	−0.118*	−0.077	0.014
年龄	−0.065	−0.024	−0.142*	−0.102	−0.009
学历	−0.1	0.046	−0.115	0.021	0.043
就读学校类别	−0.002	−0.008	−0.059	−0.069	0.002
创业时间	0.067	0.018	0.105	0.058	0.009
家庭成员是否经商	−0.114*	−0.041	−0.048	0.023	−0.045
所学专业关系	0.14*	0.021	0.123*	0.011	0.019
创业导向的创新性		0.287***		0.317***	0.239***
创业导向的冒险性		0.281***		0.224***	0.247***
创业导向的先动性		0.193**		0.177**	0.166**
大学生创业学习的实践学习					0.15**
R 方	0.048	0.389	0.079	0.386	0.403
调整后 R 方	0.026	0.369	0.058	0.366	0.381
F	2.201*	19.437***	3.761**	19.186***	18.653***

来源：依据 SPSS23 统计整理所得

从模型 1 中可看出，控制变量中只有家庭成员是否经商及所学专业关系对初创企业绩效的财务绩效具有显著影响，其他均不显著；在模型 2 中，创新性、冒险性、先动性对财务绩效均具有显著的正向影响；在模型 4 中，创新性、冒险性、先动性对实践学习均具有显著的正向影响；在模型 5 中，实践学习对财务绩效具有显著正向影响，创新性对财务绩效的标准化系数由 0.287 下降为 0.239，且仍具有显著影响，表明实践学习在创新性对财务绩效的影响中具有部分中介作用，假设成立；冒险性对财务绩效的标准化系数由 0.281 下降为 0.247，且仍具有显著影响，表明实践学习在冒险性对财务绩效的影响中具有部分中介作用，假设成立；先动性对财务绩效的标准化系数由 0.193 下降为 0.166，且仍具有显著影响，表明实践学习在先动性对财务绩效的影响中具有部分中介作用，假设成立。可见本检验回归结果显著，假设 H4m、H4n、H4o 成立。

5. 认知学习对创业导向各维度与成长绩效的中介效应分析

以性别、年龄、学历、就读学校类别、创业时间、家庭成员是否经商、所学专业关系作为控制变量，创业导向的创新性、冒险性、先动性作为自变量，认知学习作为中介变量，成长绩效作为因变量，进行中介检验得到表 5-55。

表 5-55　认知学习对创业导向各维度与成长绩效的中介效应分析

	成长绩效		大学生创业学习的认知学习		成长绩效
	模型 1	模型 2	模型 3	模型 4	模型 5
	β	β	β	β	β
性别	−0.036	−0.008	−0.124*	−0.092	0.018
年龄	−0.073	−0.033	−0.098	−0.06	−0.017
学历	−0.099	0.044	−0.177	−0.066	0.062
就读学校类别	−0.07	−0.065	0.005	0.011	−0.068
创业时间	0.175**	0.12*	0.17*	0.12*	0.087
家庭成员是否经商	−0.125*	−0.062	−0.128*	−0.076	−0.041
所学专业关系	0.083	−0.028	0.077	−0.009	−0.026

续表

	成长绩效		大学生创业学习的认知学习		成长绩效
	模型 1	模型 2	模型 3	模型 4	模型 5
	β	β	β	β	β
创业导向的创新性		0. 142*		0. 133*	0. 105*
创业导向的冒险性		0. 329***		0. 174**	0. 281***
创业导向的先动性		0. 277***		0. 303***	0. 192***
大学生创业学习的认知学习					0. 279***
R 方	0. 07	0. 405	0. 094	0. 319	0. 458
调整后 R 方	0. 049	0. 386	0. 073	0. 297	0. 439
F	3. 322**	20. 8***	4. 561***	14. 319***	23. 384***

来源：依据 SPSS23 统计整理所得

从模型 1 中可看出，控制变量中只有创业时间及家庭成员是否经商对初创企业绩效的成长绩效具有显著影响，其他均不显著；在模型 2 中，创新性、冒险性、先动性对成长绩效均具有显著的正向影响；在模型 4 中，创新性、冒险性、先动性对认知学习均具有显著的正向影响；在模型 5 中，认知学习对成长绩效具有显著正向影响，创新性对成长绩效的标准化系数由 0. 142 下降为 0. 105，且仍具有显著影响，表明认知学习在创新性对成长绩效的影响中具有部分中介作用，假设成立；冒险性对成长绩效的标准化系数由 0. 329 下降为 0. 281，且仍具有显著影响，表明认知学习在冒险性对成长绩效的影响中具有部分中介作用，假设成立；先动性对财务绩效的标准化系数由 0. 277 下降为 0. 192，且仍具有显著影响，表明认知学习在先动性对成长绩效的影响中具有部分中介作用，假设成立。可见本检验回归结果显著，假设 H4d、H4e、H4f 成立。

6. 经验学习对创业导向各维度与成长绩效的中介效应分析

以性别、年龄、学历、就读学校类别、创业时间、家庭成员是否经商、所学专业关系作为控制变量，创业导向的创新性、冒险性、先动性作为自变量，经验学习作为中介变量，成长绩效作为因变量，进行中介检验得到表 5-56。

表 5-56　经验学习对创业导向各维度与成长绩效的中介效应分析

	成长绩效		大学生创业学习的经验学习		成长绩效
	模型 1	模型 2	模型 3	模型 4	模型 5
	β	β	β	β	β
性别	−0.036	−0.008	−0.004	0.033	−0.013
年龄	−0.073	−0.033	−0.024	0.02	−0.037
学历	−0.099	0.044	−0.192**	−0.07	0.055
就读学校类别	−0.07	−0.065	0.012	0.021	−0.068
创业时间	0.175**	0.12*	−0.018	−0.076	0.133*
家庭成员是否经商	−0.125*	−0.062	−0.149**	−0.092	−0.047
所学专业关系	0.083	−0.028	0.158**	0.064	−0.039
创业导向的创新性		0.142*		0.139*	0.12*
创业导向的冒险性		0.329***		0.175**	0.301***
创业导向的先动性		0.277***		0.362***	0.218***
大学生创业学习的经验学习					0.161**
R 方	0.07	0.405	0.076	0.358	0.422
调整后 R 方	0.049	0.386	0.055	0.337	0.401
F	3.322**	20.8***	3.61**	16.994***	20.189***

来源：依据 SPSS23 统计整理所得

从模型 1 中可看出，控制变量中只有创业时间及家庭成员是否经商对初创企业绩效的成长绩效具有显著影响，其他均不显著；在模型 2 中，创新性、冒险性、先动性对成长绩效均具有显著的正向影响；在模型 4 中，创新性、冒险性、先动性对经验学习均具有显著的正向影响；在模型 5 中，经验学习对成长绩效具有显著正向影响，创新性对成长绩效的标准化系数由 0.142 下降为 0.12，且具有显著影响，表明经验学习在创新性对成长绩效的影响中具有部分中介作用，假设成立；冒险性对成长绩效的标准化系数由 0.329 下降为 0.301，且仍具有显著影响，表明经验学习在冒险性对成长绩效的影响中具有部分中介作用，假设成立；先动性对成长绩效的标准化系数由 0.277 下降为 0.218，且仍具有显著影响，表明经验学习在先动性对成长绩效的影响中具有部分中介作用，假设成立。可见本检验回归结果显著，假设 H4j、H4k、H4l 成立。

7. 实践学习对创业导向各维度与成长绩效的中介效应分析

以性别、年龄、学历、就读学校类别、创业时间、家庭成员是否经商、所学专业关系作为控制变量，创业导向的创新性、冒险性、先动性作为自变量，实践学习作为中介变量，成长绩效作为因变量，进行中介检验得到表 5-57。

表 5-57　实践学习对创业导向各维度与成长绩效的中介效应分析

	成长绩效		大学生创业学习的实践学习		成长绩效
	模型 1	模型 2	模型 3	模型 4	模型 5
	β	β	β	β	β
性别	−0.036	−0.008	−0.118*	−0.077	0.007
年龄	−0.073	−0.033	−0.142*	−0.102	−0.014
学历	−0.099	0.044	−0.115	0.021	0.04
就读学校类别	−0.07	−0.065	−0.059	−0.069	−0.051
创业时间	0.175**	0.12*	0.105	0.058	0.109*

续表

	成长绩效		大学生创业学习的实践学习		成长绩效
	模型 1	模型 2	模型 3	模型 4	模型 5
	β	β	β	β	β
家庭成员是否经商	-0.125*	-0.062	-0.048	0.023	-0.066
所学专业关系	0.083	-0.028	0.123*	0.011	-0.03
创业导向的创新性		0.142*		0.317***	0.08*
创业导向的冒险性		0.329***		0.224***	0.285***
创业导向的先动性		0.277***		0.177**	0.242***
大学生创业学习的实践学习					0.195**
R 方	0.07	0.405	0.079	0.386	0.429
调整后 R 方	0.049	0.386	0.058	0.366	0.408
F	3.322**	20.8***	3.761**	19.186***	20.74***

来源：依据 SPSS23 统计整理所得

从模型 1 中可看出，控制变量中只有创业时间及家庭成员是否经商对初创企业绩效的成长绩效具有显著影响，其他均不显著；在模型 2 中，创新性、冒险性、先动性对成长绩效均具有显著的正向影响；在模型 4 中，创新性、冒险性、先动性对实践学习均具有显著的正向影响；在模型 5 中，实践学习对成长绩效具有显著正向影响，创新性对成长绩效的标准化系数由 0.142 下降为 0.08，且仍具有显著影响，表明实践学习在创新性对成长绩效的影响中具有部分中介作用，假设成立；冒险性对成长绩效的标准化系数由 0.329 下降为 0.285，且仍具有显著影响，表明实践学习在冒险性对成长绩效的影响中具有部分中介作用，假设成立；先动性对成长绩效的标准化系数由 0.277 下降为 0.242，且仍具有显著影响，表明实践学习在先动性对成长绩效的影响中具有部分中介作用，假设成立。可见本检验回归结果显著，假设 H4p、H4q、H4r 成立。

五、创业环境对创业导向与大学生创业学习的回归分析

1. 创业环境对创业导向与大学生创业学习关系的调节效应分析

以性别、年龄、学历、就读学校类别、创业时间、家庭成员是否经商、所学专业关系作为控制变量，以创业导向作为自变量，创业环境作为调节变量，大学生创业学习作为因变量，进行调节检验得到表 5-58。

表 5-58　创业环境对创业导向与大学生创业学习关系的调节效应分析

	大学生创业学习			
	模型 1	模型 2	模型 3	模型 4
	β	β	β	β
性别	-0.104	-0.057	-0.056	-0.05
年龄	-0.111	-0.061	-0.054	-0.045
学历	-0.206**	-0.047	-0.038	-0.037
就读学校类别	-0.018	-0.021	-0.018	-0.027
创业时间	0.107	0.046	0.04	0.034
家庭成员是否经商	-0.138*	-0.059	-0.047	-0.047
所学专业关系	0.153**	0.025	0.044	0.053
创业导向		0.694***	0.653***	0.672***
创业环境			0.146***	0.141***
创业导向×创业环境				0.147***
R 方	0.116	0.544	0.562	0.583
调整后 R 方	0.096	0.532	0.55	0.57
F	5.773***	45.711***	43.701***	42.695***

来源：依据 SPSS23 统计整理所得

从模型 1 中可看出，控制变量中只有学历、家庭成员是否经商及所学专业关系对大学生创业学习具有显著影响，其他均不显著；从模型 2 及模型 3 中可以得到创业导向、创业环境对大学生创业学习均具有显著的影响；从模型 4 中可以得到创业导向与创业环境的交互项，即创业导向×创业环境对大学生创业学习($\beta = 0.147$， $p<0.001$)具有显著正向影响，表明创业环境在创业导向对大学生创业学习的影响中具有正向调节作用，假设成立。因此，假设 H5“创业环境在创业导向和大学生创业学习之间起调节作用”成立。

2. 创业环境的动态性对创业导向与大学生创业学习关系的调节效应分析

以性别、年龄、学历、就读学校类别、创业时间、家庭成员是否经商、所学专业关系作为控制变量，创业导向作为自变量，创业环境的动态性作为中介变量，大学生创业学习作为因变量，进行调节检验得到表 5-59。

表 5-59　创业环境的动态性对创业导向与大学生创业学习的调节效应分析

	大学生创业学习			
	模型 1	模型 2	模型 3	模型 4
	β	β	β	β
性别	-0.104	-0.057	-0.056	-0.052
年龄	-0.111	-0.061	-0.056	-0.045
学历	-0.206**	-0.047	-0.041	-0.047
就读学校类别	-0.018	-0.021	-0.019	-0.022
创业时间	0.107	0.046	0.039	0.03
家庭成员是否经商	-0.138*	-0.059	-0.057	-0.061
所学专业关系	0.153**	0.025	0.042	0.06

续表

	大学生创业学习			
	模型 1	模型 2	模型 3	模型 4
	β	β	β	β
创业导向		0.694***	0.665***	0.676***
创业环境的动态性			0.112**	0.118**
创业导向×创业环境的动态性				0.155***
R 方	0.116	0.544	0.555	0.579
调整后 R 方	0.096	0.532	0.542	0.565
F	5.773***	45.711***	42.413***	41.864***

来源：依据 SPSS23 统计整理所得

从模型 1 中可看出，控制变量中只学历、家庭成员是否经商及所学专业关系对大学生创业学习具有显著影响，其他均不显著；从模型 2 及模型 3 中可以得到创业导向、创业环境的动态性对大学生创业学习均具有显著的影响，从模型 4 中可以得到创业导向与创业环境的动态性的交互项，即创业导向×创业环境的动态性对大学生创业学习（$\beta=0.155$，$p<0.001$）具有显著正向影响，表明创业环境的动态性在创业导向对大学生创业学习的影响中具有正向调节作用，假设 H5a 成立。

3. 创业环境的敌对性对创业导向与大学生创业学习关系的调节效应分析

以性别、年龄、学历、就读学校类别、创业时间、家庭成员是否经商、所学专业关系作为控制变量，创业导向作为自变量，创业环境的敌对性作为中介变量，大学生创业学习作为因变量，进行调节检验得到表 5-60。

表 5-60　创业环境的敌对性对创业导向与大学生创业学习的调节效应分析

	大学生创业学习			
	模型 1	模型 2	模型 3	模型 4
	β	β	β	β
性别	-0. 104	-0. 057	-0. 057	-0. 05
年龄	-0. 111	-0. 061	-0. 055	-0. 05
学历	-0. 206**	-0. 047	-0. 04	-0. 034
就读学校类别	-0. 018	-0. 021	-0. 019	-0. 029
创业时间	0. 107	0. 046	0. 043	0. 041
家庭成员是否经商	-0. 138*	-0. 059	-0. 043	-0. 041
所学专业关系	0. 153**	0. 025	0. 035	0. 037
创业导向		0. 694***	0. 662***	0. 681***
创业环境的敌对性			0. 135**	0. 128**
创业导向×创业环境的敌对性				0. 122**
R 方	0. 116	0. 544	0. 56	0. 575
调整后 R 方	0. 096	0. 532	0. 547	0. 561
F	5. 773***	45. 711***	43. 327***	41. 205***

来源：依据 SPSS23 统计整理所得

从模型 1 中可看出，控制变量中只有学历、家庭成员是否经商及所学专业关系对大学生创业学习具有显著影响，其他均不显著；从模型 2 及模型 3 中可以得到创业导向、创业环境的敌对性对大学生创业学习均具有显著的影响，从模型 4 中可以得到创业导向与创业环境的敌对性的交互项，即创业导向×创业环境的敌对性对大学生创业学习($\beta=0.122$，$p<0.01$)具有显著正向影响，表明创业环境的敌对性在创业导向对大学生创业学习的影响中具有正向调节作用，假设 H5b 成立。

六、创业环境对大学生创业学习与初创企业绩效的回归分析

1. 创业环境在大学生创业学习和初创企业绩效之间的调节作用分析

以性别、年龄、学历、就读学校类别、创业时间、家庭成员是否经商、所学专业关系作为控制变量，大学生创业学习作为自变量，创业环境作为调节变量，初创企业绩效作为因变量，进行调节检验得到表 5-61。

表 5-61 创业环境对大学生创业学习与初创企业绩效的调节效应分析

	初创企业绩效			
	模型 1	模型 2	模型 3	模型 4
	β	β	β	β
性别	-0. 042	0. 032	0. 03	0. 032
年龄	-0. 08	-0. 001	0. 003	0. 003
学历	-0. 115	0. 031	0. 037	0. 038
就读学校类别	-0. 04	-0. 028	-0. 027	-0. 029
创业时间	0. 138*	0. 062	0. 058	0. 058
家庭成员是否经商	-0. 138*	-0. 04	-0. 032	-0. 033
所学专业关系	0. 13*	0. 021	0. 037	0. 042
大学生创业学习		0. 711***	0. 67***	0. 665***
创业环境			0. 118**	0. 126**
大学生创业学习×创业环境				0. 035
R 方	0. 073	0. 52	0. 532	0. 533
调整后 R 方	0. 052	0. 507	0. 518	0. 517
F	3. 48**	41. 525***	38. 597***	34. 781***

来源：依据 SPSS23 统计整理所得

从模型 1 中可看出，控制变量中只有创业时间、家庭成员是否经商及所学专业关系对初创企业绩效具有显著影响，其他均不显著；从模型 2 及模型 3 中可以得到大学生创业学习、创业环境对初创企业绩效均具有显著的影响，从模型 4 中可以得到大学生创业学习与创业环境的交互项，即大学生创业学习×创业环境对初创企业绩效（$\beta=0.035$，$p>0.05$）不具有显著正向影响，表明创业环境在大学生创业学习对初创企业绩效的影响中不具有正向调节作用，假设不成立。因此，假设 H6“创业环境在大学生创业学习和初创企业绩效之间起调节作用”不成立。

2. 创业环境的动态性在大学生创业学习和初创企业绩效之间的调节效应分析

以性别、年龄、学历、就读学校类别、创业时间、家庭成员是否经商、所学专业关系作为控制变量，大学生创业学习作为自变量，创业环境的动态性作为中介变量，初创企业绩效作为因变量，进行调节检验得到表 5-62。

表 5-62　创业环境的动态性对大学生创业学习与初创企业绩效的调节效应分析

	初创企业绩效			
	模型 1	模型 2	模型 3	模型 4
	β	β	β	β
性别	-0.042	0.032	0.031	0.036
年龄	-0.08	-0.001	0.002	0.001
学历	-0.115	0.031	0.036	0.036
就读学校类别	-0.04	-0.028	-0.027	-0.031
创业时间	0.138*	0.062	0.057	0.055
家庭成员是否经商	-0.138*	-0.04	-0.039	-0.04
所学专业关系	0.13*	0.021	0.036	0.052

续表

	初创企业绩效			
	模型 1	模型 2	模型 3	模型 4
	β	β	β	β
大学生创业学习		0. 711***	0. 682***	0. 669***
创业环境的动态性			0. 098*	0. 118**
大学生创业学习×创业环境的动态性				0. 093*
R 方	0. 073	0. 52	0. 528	0. 536
调整后 R 方	0. 052	0. 507	0. 514	0. 521
F	3. 48**	41. 525***	38. 064***	35. 261***

来源：依据 SPSS23 统计整理所得

从模型 1 中可看出，控制变量中只有创业时间、家庭成员是否经商及所学专业关系对初创企业绩效具有显著影响，其他均不显著；从模型 2 及模型 3 中可以得到大学生创业学习、创业环境的动态性对初创企业绩效均具有显著的影响，从模型 4 可以得到大学生创业学习与创业环境的动态性的交互项，即大学生创业学习×创业环境的动态性对初创企业绩效（$\beta=0.093$，$p<0.05$）具有显著正向影响，表明创业环境的动态性在大学生创业学习对初创企业绩效的影响中具有正向调节作用，假设 H6a 成立。

3. 创业环境的敌对性在大学生创业学习和初创企业绩效之间的调节效应分析

以性别、年龄、学历、就读学校类别、创业时间、家庭成员是否经商、所学专业关系作为控制变量，大学生创业学习作为自变量，创业环境的敌对性作为中介变量，初创企业绩效作为因变量，进行调节检验得到表 5-63。

表 5-63　创业环境的敌对性对大学生创业学习与初创企业绩效的调节效应分析

	初创企业绩效			
	模型 1	模型 2	模型 3	模型 4
	β	β	β	β
性别	-0. 042	0. 032	0. 03	0. 029
年龄	-0. 08	-0. 001	0. 002	0. 002
学历	-0. 115	0. 031	0. 035	0. 035
就读学校类别	-0. 04	-0. 028	-0. 027	-0. 025
创业时间	0. 138*	0. 062	0. 061	0. 061
家庭成员是否经商	-0. 138*	-0. 04	-0. 03	-0. 029
所学专业关系	0. 13*	0. 021	0. 03	0. 026
大学生创业学习		0. 711***	0. 679***	0. 683***
创业环境的敌对性			0. 103*	0. 096*
大学生创业学习×创业环境的敌对性				-0. 03
R 方	0. 073	0. 52	0. 529	0. 53
调整后 R 方	0. 052	0. 507	0. 515	0. 514
F	3. 48**	41. 525***	38. 18***	34. 367***

来源：依据 SPSS23 统计整理所得

从模型 1 中可看出，控制变量中只有创业时间、家庭成员是否经商及所学专业关系对初创企业绩效具有显著影响，其他均不显著；从模型 2 及模型 3 中可以得到大学生创业学习、创业环境的敌对性对初创企业绩效均具有显著的影响，从模型 4 中可以得到大学生创业学习与创业环境的敌对性的交互项，即大学生创业学习×创业环境的敌对性对初创企业绩效（$\beta=-0.03$，$p>0.05$）不具有显著影响，表明创业环境的敌对性在大学生创业学习对初创企业绩效的影响中不具有调节作用，假设 H6b 不成立。

第六节　分析结果与讨论

一、假设检验结果汇总

本书主要以大学生创业者为研究对象，对创业导向、大学生创业学习与初创企业绩效之间的关系进行分析并验证相关研究假设。我们可以得到以下几点结论：

第一，创业导向及其维度对初创企业绩效的影响显著且正向；第二，创业导向及其维度对大学生创业学习有正向影响；第三，大学生创业学习及其维度对初创企业绩效有正向影响；第四，大学生创业学习及其维度在创业导向和初创企业绩效之间存在显著的中介作用；第五，创业环境及其维度在创业导向和大学生创业学习之间存在明显的调节作用；第六，创业环境的动态性维度在大学生创业学习和初创企业绩效之间有明显的调节作用；第七，创业环境及创业环境的敌对性维度在大学生创业学习和初创企业绩效之间不具有明显的调节作用。具体实证结果见表5-64。

表5-64　本书研究假设验证结果汇总

H1：创业导向对初创企业绩效存在显著的正向影响	成立
H1a：创新性越强，企业的财务绩效越高	成立
H1b：冒险性越强，企业的财务绩效越高	成立
H1c：先动性越强，企业的财务绩效越高	成立
H1d：创新性越强，企业的成长绩效越高	成立
H1e：冒险性越强，企业的成长绩效越高	成立
H1f：先动性越强，企业的成长绩效越高	成立
H2：创业导向对大学生创业学习存在显著正向影响	成立
H2a：创新性越强，认知学习越高	成立
H2b：冒险性越强，认知学习越高	成立

续表

H2c：先动性越强，认知学习越高	成立
H2d：创新性越强，经验学习越高	成立
H2e：冒险性越强，经验学习越高	成立
H2f：先动性越强，经验学习越高	成立
H2g：创新性越强，实践学习越高	成立
H2h：冒险性越强，实践学习越高	成立
H2i：先动性越强，实践学习越高	成立
H3：大学生创业学习对初创企业绩效存在显著正向影响	成立
H3a：认知学习越强，企业财务绩效越好	成立
H3b：经验学习越强，企业财务绩效越好	成立
H3c：实践学习越强，企业财务绩效越好	成立
H3d：认知学习越强，企业成长绩效越好	成立
H3e：经验学习越强，企业成长绩效越好	成立
H3f：实践学习越强，企业成长绩效越好	成立
H4：大学生创业学习在创业导向与初创企业绩效关系中具有中介作用	成立
H4a：认知学习在创业导向的创新性和财务绩效之间起中介作用	成立
H4b：认知学习在创业导向的冒险性和财务绩效之间起中介作用	成立
H4c：认知学习在创业导向的先动性和财务绩效之间起中介作用	成立
H4d：认知学习在创业导向的创新性和成长绩效之间起中介作用	成立
H4e：认知学习在创业导向的冒险性和成长绩效之间起中介作用	成立
H4f：认知学习在创业导向的先动性和成长绩效之间起中介作用	成立
H4g：经验学习在创业导向的创新性和财务绩效之间起中介作用	成立
H4h：经验学习在创业导向的冒险性和财务绩效之间起中介作用	成立
H4i：经验学习在创业导向的先动性和财务绩效之间起中介作用	成立
H4j：经验学习在创业导向的创新性和成长绩效之间起中介作用	成立
H4k：经验学习在创业导向的冒险性和成长绩效之间起中介作用	成立
H4l：经验学习在创业导向的先动性和成长绩效之间起中介作用	成立
H4m：实践学习在创业导向的创新性和财务绩效之间起中介作用	成立

续表

H4n：实践学习在创业导向的冒险性和财务绩效之间起中介作用	成立
H4o：实践学习在创业导向的先动性和财务绩效之间起中介作用	成立
H4p：实践学习在创业导向的创新性和成长绩效之间起中介作用	成立
H4q：实践学习在创业导向的冒险性和成长绩效之间起中介作用	成立
H4r：实践学习在创业导向的先动性和成长绩效之间起中介作用	成立
H5：创业环境在创业导向和大学生创业学习之间起调节作用	成立
H5a：创业环境的动态性在创业导向和大学生创业学习之间起调节作用	成立
H5b：创业环境的敌对性在创业导向和大学生创业学习之间起调节作用	成立
H6：创业环境在大学生创业学习和初创企业绩效之间起调节作用	不成立
H6a：创业环境的动态性在大学生创业学习和初创企业绩效之间起调节作用	成立
H6b：创业环境的敌对性在大学生创业学习和初创企业绩效之间起调节作用	不成立

二、假设检验结果讨论

本书针对创业导向与初创企业绩效、创业导向与大学生创业学习、大学生创业学习与初创企业绩效之间的关系以及大学生创业学习对创业导向与初创企业绩效关系的中介作用、创业环境对创业导向与大学生创业学习关系的调节作用、创业环境对大学生创业学习与初创企业绩效关系的调节作用等六组研究共设计了 49 项假设，在进行回归分析后，我们发现 49 项假设中有 47 项假设通过验证，有 2 项假设未能得到证实，现作具体分析。

1. 创业导向及其维度对初创企业绩效的影响分析

第一，创业导向与初创企业绩效两者之间的影响。通过实证分析得出结论，结果显示“创业导向对初创企业绩效存在显著的正向影响”，即假设 H1 通过了验证。同时，这也从另一个角度阐明了通过创业导向可以有效提升企业的经营管理水平，从而促使企业获得良好的绩效。

本书经过研究后发现大学生若致力于推出创新性产品或者创新性服务，就可以比别人更具有超前意识，从而获得更多的市场占有率，这种行为往往可以提高企业的绩效增长，因此创业导向对大学生初创企业的绩效有促进作用。

第二，创业导向各维度对初创企业绩效的影响分析。创业导向各维度对大学生初创企业财务绩效及成长绩效均有重要的提升作用。该结论得到了 Peter 和 Waterman（1982）、Jantunen（2005）等国外创新创业研究领域诸多学者的证实。通过实证分析，本书所假设的 H1a、H1b、H1c 都通过了验证，即大学生创业者的创业导向维度的创新性、冒险性及先动性越高，相应地也会带来企业财务绩效的提高。与此同时，本书假设的 H1d、H1e、H1f 三个假设均通过了验证，即大学生创业者的创业导向维度的创新性、冒险性及先动性越高，相应也会带来企业成长绩效的提高。该实证分析结果与 Wiklund、Lussier 等学者的研究结论相一致。由此可知，创新性维度对大学生初创企业的财务绩效和成长绩效均有明显的正向促进作用，大学生初创企业具有技术创新、经营理念领先等基本特征，因此，创新是大学生初创企业击败竞争对手的安身立命之本。大学生初创企业一般都会将自己的科研成果或专利用于新产品的开发，不断更新产品和服务模式，将创新理念发挥到极致。因此，企业才能生产出技术一流的产品和提供优质的服务，在市场竞争中处于优势地位。此外，研究结果显示冒险性维度同样对企业财务绩效和成长绩效产生明显的正向促进作用。在企业的成长过程中，不管是新产品的研发、专利的申请以及科研成果的转化都需要经过较长时间的沉淀才能收获成果，而且在研发新产品或专利申请的过程中存在多种风险，有可能导致创业失败，这就要求创业者具备冒险精神，具备风险意识，在大胆经营的同时又要做好风险控制，从而获得相应的经营效益。

与此同时，先动性维度对财务绩效与成长绩效亦存在明显的正向促进作用。对于大学生初创企业而言，抢先占领新市场就意味着获得了先发优势，通过先发优势大学生初创企业可以迅速抢占市场份额，获得优质的客户资源，并给企业后续经营带来可持续的竞争优势。

2. 创业导向及其维度对大学生创业学习的影响分析

第一，创业导向对大学生创业学习的影响分析。Hamel、Prahalad 和 George 等学者指出创业导向对大学生创业学习具有明显的正向促进作用，实证分析结果证明前文假设的 H2 通过了验证，这与学者们的研究观点不谋而合，进一步证明了假设是成立的，即大学生创业者需要进行创业学习以得到更多的资源和信息，从而更好地获得企业发展绩效。

第二，创业导向各维度对大学生创业学习的影响分析。实证分析结果显示假设 H2a“创新性越强，认知学习越高”、H2b“冒险性越强，认知学习越高”和 H2c“先动性越强，认知学习越高”均通过了验证，说明创业导向各维度对大学生创业学习具有正向的促进作用。即具有创业导向的大学生为了更好地经营企业，会主动接触行业中的专业人员，并虚心向他们学习，同时经常收集相关创业资讯和有价值的信息。对创业导向各维度和经验学习关系的检验结果支持了假设 H2d“创新性越强，经验学习越高”、假设 H2e“冒险性越强，经验学习越高”以及假设 H2f“先动性越强，经验学习越高”，它们均通过了验证，即大学生创业者初期为了更快地获取利益，会偏好投资一些高风险但是会给企业带来高回报的经营项目；同时，面对经营环境的不确定性，他们也会采取积极大胆的行为，不断反思先前的失败行为，注重经验学习。对创业导向各维度和实践学习的实证结果支持了假设 H2g“创新性越强，实践学习越高”、假设 H2h“冒险性越强，实践学习越高”以及假设 H2i“先动性越强，实践学习越高”的成立，即大学生创业过程中为了获得竞争优势，会先于竞争对手采取行动，这些快速的企业决策必将促进大学生创业者更多地在行业中去参与实践，从而获得更多的实践经验和信息。

3. 大学生创业学习及其维度对初创企业绩效的影响分析

第一，大学生创业学习对初创企业绩效的影响分析。实证分析结果显示假设 H3“大学生创业学习对初创企业绩效存在显著正向影响”验证成立，这就表明大学生创业者积极的创业学习对企业绩效有正面的影响，这与很多现有研究结论保持一致。大学生创业者通过创业学习不断培育自身能力，因此获得丰富的市场经验，及时把握市场变化，从而有利于企业销售的快速增长，不断扩大市场份额并保持较高的盈利水平。

第二，大学生创业学习各维度对初创企业绩效影响分析。实证分析结果显示假设 H3a“认知学习越强，企业财务绩效越好”、假设 H3b“经验学习越强，企业财务绩效越好”、假设 H3c“实践学习越强，企业财务绩效越好”、假设 H3d“认知学习越强，企业成长绩效越好”、假设 H3e“经验学习越强，企业成长绩效越好”和假设 H3f“实践学习越强，企业成长绩效越好”均通过了验证，即大学生初创企业经营者通过快速增强各种创业实践、创业经验以改进现有技术、产品和服务，进而切实提升企业的经营绩效和成长绩效。

4. 大学生创业学习在创业导向与初创企业绩效之间起中介作用

第一，大学生创业学习对创业导向与初创企业绩效关系的中介效应分析。实证研究表明本书假设 H4 通过了验证，说明了创业导向由于具备创新性、先动性等特征，已经成为创业者学习的驱动力，促使创业者在创业过程不断学习，从而不断提升企业的市场竞争力并获得良好的企业效益。

第二，大学生创业学习各维度对创业导向的创新性与初创企业绩效关系的中介效应分析。实证分析结果显示假设 H4a、H4g、H4m 均得到验证，即大学生创业学习的各个维度在创业导向维度创新性和财务绩效两者之间均起到中介作用。研究表明，具有创业导向的大学生创业者，由于缺乏行业经验和实践经验，会激发他们的学习兴趣，并通过创业学习在相对较短的时间内获得创业必需的知识和技能，从而有利于提升企业的短期财务效应。关于大学生创业学习各维度对创业导向创新性与成长绩效的关系验证，本书假设 H4d、H4j、H4p 均得到验证，即大学生创业学习的各个维度在创业导向维度创新性和成长绩效两者之间均起到中介作用。大学生创业者强烈的创新意识和冒险精神，激发了大学生强而有力的创业学习，促进了企业的快速成长，从而提高了企业的成长绩效。

第三，大学生创业学习各维度对创业导向的冒险性与初创企业绩效关系的中介效应分析。实证结果发现假设 H4b、H4h、H4n 均通过显著性检验，即大学生创业学习的各个维度在创业导向维度冒险性和财务绩效两者之间均起到中介作用。这说明大学生创业学习作为中介变量，在两者之间发挥了较为明显的中介作用。此外，关于其中介效应分析，实证分析结果显示假设 H4e、H4k、H4q 均通过显著性检验，即大学生创业学习的各个维度在创业导向维度冒险性和成长绩效两者之间均起到中介作用。从财务的视角分析，风险与收益是成正比的，高风险往往意味着高收益。由此可以看出，大学生初创企业中那些风险偏好型企业，即具有创业导向冒险性的企业往往热衷于开拓新市场，善于挖掘市场上的空白细分市场，并能及时根据环境的改变调整企业的经营策略，从而能在所属行业中展露身手，获得一席之地，同时也给企业带来了可观的经济收益。

第四，大学生创业学习各维度对创业导向的先动性与初创企业绩效关系的中介效应分析。实证分析结果显示假设 H4c、H4i、H4o 均得到验证，即大学生创业学习的各个维度在创业导向维度先动性和财务绩效两者之间均起到中介作用。这说明大学生创业学习各维度对创业导向的先动性与财务绩效关系的中介效应明显，这与大学生企业自身特殊性有关。此外，分析结果显示假设 H4f、H4l、H4r 均得到验证，即大学生创业学习的各个维度在创业导向维度先动性和成长绩效两者之间均起到中介作用，说明大学生创业者思维活跃，创新能力强，善于发现和开拓新的市场机会，并能创造出符合新市场预期的新产品或新服务，这些创业行为的实施可以直接反映在企业的绩效上面。

5. 创业环境及其维度在创业导向与大学生创业学习之间的调节作用分析

Daft、Covin 等指出企业不管是在创业战略还是在组织学习方面，创业环境都是其重要的影响因素。面对复杂多变的外部研究，企业往往会通过积极收集信息以及咨询行业内专家的方式来解决，并且这些措施均有助于强化创业者的创业学习。经实证研究，本书假设 H5、H5a、H5b 均通过验证，这充分说明了创业环境及其动态性与敌对性两个维度均在创业导向与大学生创业学习之间起调节作用，这与上述学者的研究结论相一致。与此同时，我们发现，创业环境处于较高敌对性时，意味着大学生初创企业面临的是残酷的市场竞争以及强大的竞争对手，大学生创业者必须通过学习获取更多的创业资讯，同时注重积累经验才能赢得竞争机会。同理，当创业环境处于较高动态性时，意味着竞争对手在市场竞争中战略清晰、思路敏捷，善于运用企业战略，因此，大学生初创企业要想做出快速反应，就必须尽快获取市场信息，或参考学习行业标杆企业的做法，从而迅速调整自己的战略。

6. 创业环境及其维度在大学生创业学习和初创企业绩效之间的调节作用分析

国内学者研究指出，大学生初创企业要在市场竞争中赢得竞争优势及提升企业绩效，必须具备创新精神，同时能对环境的变化保持敏锐的判断能力和应对能力，这样才能抓住机遇，获取与企业战略发展相匹配的资源。国外学者研究指出，创业环境具有两个不同的维度，不同的维度在创业学习与企业绩效之间所起的调节作用也是有差异的。通过实证分析，本书假设 H6 验证不通过，这说明了创业环境在大学生创业学习和初创企业绩效之间并不存在调节作用。此外假设 H6a 成立而 H6b 不成立，这说明了创业环境的动态性在大学生创业学习和初创企业绩效之间起调节作用，但创业环境的敌对性在其中并不起调节作用。如果大学生初创企业的创业环境处于较高的动态性时，它们需要通过快速响应来积极应对环境的变化。因此，认知学习及实践学习的程度就会受到环境的影响。不同环境会给创业者不同的经验，环境的敌对性是市场客观存在的事实，创业者既然能够创业成功就不会存在低级的市场认知判断错误。此外，由创业学习到产生创业绩效，从某种意义上来说，也是通过具体行为从而产生实际绩效的客观存在(焦豪等，2008)，是一种创业者通过学习自然而然提高绩效的过程，不可能受到客观存在的行业现状的影响。因此，从实践角度我们也解释了环境的敌对性对大学生创业学习和初创企业绩效之间不具有调节作用。

第六章　研究结论与展望

在对前文经典理论系统分析和实证研究的基础上，本章首先归纳提炼前文的研究内容，得出研究结论；其次基于经济新常态下中央提出的“双创”背景，并结合我国大学生初创企业的具体特征与现状，提出相应的政策建议；最后阐述本书的研究局限及未来研究方向。

第一节　主要研究结论

本书研究分析了创业导向、大学生创业学习、初创企业绩效、创业环境之间的关系。大学生初创群体作为一个特殊的创业群体，无论是在学习模式、知识储备还是在创业模式上都与其他创业群体有本质的区别。当前，我国经济正处于转型发展时期，创新成为推动产业结构调整和优化的重要驱动力，具有较强创新意识的大学生群体已经成为创业市场上的主力军。他们的创业活动主要分布于智能制造、大数据、物联网、新能源等高新技术和新兴领域，其创业活动有利于驱动新兴产业培育、传统产业转型升级以及促进地区经济的发展。但是，由于缺乏创业实践、管理经验及政策扶持等主客观因素，导致大学生初创群体的创业成效远低于预期。本书系统梳理了创业导向、大学生创业学习、初创企业绩效等主要理论，对创业导向与企业绩效之间的理论逻辑关系进行深入研究，探讨了创业学习作为中介变量是否对创业导向与企业绩效起中介作用，创业环境作为调节变量是否对创业导向与企业绩效起调节作用，并构建了相应的概念模型。此外，通过统计分析工具对样本进行实证分析，检验和论证了模型的有效性。综上所述，本书的主要研究结论有：

1. 创业导向对初创企业绩效存在显著的正向影响

创业导向源于战略选择理论，具有创新性、先动性、积极竞争以及勇于承担等主要特征，在复杂多变的市场竞争中，大学生初创企业要想站稳脚跟，获得市场和客户的认可，必然要具备判断趋势、识别机会的能力，敢于主动出击，承担开拓新兴市场的风险，并通过不断进行产品技术升级或者创新服务模式，领先于竞争对手。采取这种积极主动的竞争策略，才能使企业在竞争中脱颖而出，从而获得良好的企业绩效并赢得成长优势。这与当前的研究结论是一致的，即创业导向可以帮助企业在市场竞争中获得竞争优势，从而可以给企业带来非常可观的经营利润（Schollhamer，1982）。此外，企业财务绩效和成长绩效的提升受到创业导向的创新性、先动性以及冒险性的影响，即企业的财务绩效越高说明大学生初创企业的创新性、先动性以及冒险性越强，反之亦弱。同样的道理，企业的成长绩效如果越高，说明大学生初创企业的创新性、先动性以及冒险性越强。

2. 创业导向对大学生创业学习存在显著的正向影响

大学生初创企业通过研发创新性产品或者开发新的商业模式进入市场，这会激活内在创业学习需求，企业也因此可以获取未来发展所需的内外部资源。此外，创业导向的三个维度对创业学习的不同方面均会产生重要影响。大学生创业者的创新性、冒险性以及先动性越强，越能激发大学生创业者对创业学习的认知学习、经验学习和实践学习的需求。因为积极的创业学习行为有助于企业更好地获得企业绩效，企业也能更好地得到成长。

3. 大学生创业学习对初创企业绩效存在显著的正向影响

大学生创业者若能向行业内标杆企业学习，或向行业专业人员学习，并不断积累各种经验，不断反思自己的行为，吸取教训，就能准确地判断市场方向，保证企业持续的竞争优势，进而获得良好的企业绩效。从实证结果可以看出，大学生创业者的认知学习、经验学习以及实践学习越强，企业的财务绩效越高；同时，大学生创业者的认知学习、经验学习以及实践学习越强，企业的成长绩效也越高。创业者通过实践学习，能了解和把握市场需求动向，进而不断完善产品和服务，赢得消费者的信赖，这有利于企业挖掘和开拓新领域，扩大企业的生产规模，拓宽利润空间。

4. 大学生创业学习在创业导向和初创企业绩效之间起中介作用

大学生创业者强化自身的认知学习、经验学习和实践学习，将有助于对资源进行重新整合，增强应对外部竞争的能力。创业导向对于提高企业绩效是显而易见的。首先，认知学习、经验学习和实践学习是创业学习的三个维度，这三个维度对创业导向的创新性与企业财务绩效起中介作用，即创业导向的创新性越强，创业学习的意愿越明显，则企业的财务绩效越高。其次，创业学习的三个维度在创业导向的冒险性与财务绩效之间起中介作用，即创业导向的冒险性越强，认知学习、经验学习、实践学习越强，从而企业的财务绩效越高；同时，大学生初创企业创业导向的冒险性越强，认知学习、经验学习、实践学习越强，企业的成长绩效也越高。最后，创业学习三个维度在创业导向的先动性与财务绩效之间起中介作用，即创业导向的先动性越强，认知学习、经验学习、实践学习越强，企业的财务绩效也越高；同时，大学生初创企业创业导向的先动性越强，认知学习、经验学习、实践学习越强，企业的成长绩效也越高。

5. 创业环境在创业导向与大学生创业学习之间有调节作用

外部环境的变化会对企业的经营成长产生重要影响，当环境发生改变时，必然会导致企业的发展战略随之发生改变，而企业要在动态多变的环境中保持可持续的竞争优势，则需要保持学习的动力，学习和吸收前沿知识，掌握领先技术，及时调整经营策略。动态性和敌对性是创业环境的两大维度，它们都对创业导向与大学生创业学习起调节作用。即创业环境处于高动态性时，大学生创业者对学习的紧迫性更为急切，需要通过不断学习来挖掘企业的竞争潜力以及根据企业的发展现状调整发展战略，进而确保企业能渡过危机平稳前行。与此同时，当创业环境所面临的敌对程度不断增高时，也就意味着大学生创业者需要更密切地关注外部环境的变化以及大量收集相关政策信息，这也是对企业资源配置能力的考验，进而有效提升企业的经营管理能力。

6. 创业环境在大学生创业学习和初创企业绩效之间不具有调节作用

外部环境的动态性变化有利于培育企业的竞争优势，进一步推动初创企业进行组织结构调整、流程优化等，从而有利于提升企业的经营绩效。因此，创业环境的两个维度对大学生创业学习与初创企业绩效之间所起的作用是有差异的，动态性维度对其有明显的调节作用，而敌对性维度对其并未产生明显的调节作用。由此可知，当企业所面临的创业环境动态性较高时，大学生初创企业需要收集相关的创业资讯和获取有价值的创业信息来适应环境的变化。而创业环境的敌对性是行业现状的客观存在，大学生创业者通过创业，自身经验及认知的不断增强必然会作用于企业绩效，这也是一个客观事实，不可能受客观市场现状的影响，因此，在大学生创业学习与初创企业绩效之间，创业环境的敌对性不具有调节作用。

第二节　政策建议

一、强化创业学习意识，提高大学生初创企业绩效

大学生创业学习是一个系统的学习过程，而当前高校创新创业教育与实践教学和社会学习之间是处于分割状态的。在“双创”背景下，创新创业教育在高校的重视程度较以往有了很大的提升，各大高校积极响应国家政策，大力开展创新创业教育，将创新创业教育纳入学校的顶层设计之中，

系统开设创新创业课程，并将其纳入人才培养方案。在创新创业的理论教育方面大学生得到了较为系统的培育，然而，对大学生创新创业教育仅停留在理论层面是远远不能满足大学生创业需求的，各高校在对大学生进行创业教育的同时应注重将实践教学和社会教学结合起来。在开设创业理论课程的同时，大力开设创新创业类实践课程，通过实践类课程将理论运用于实践，提升大学生的创业实践能力。此外，鼓励大学生积极参加各类实践活动，为下一步的创业积累实践经验和关键技能。与此同时，积极与知名企业、研究院所搭建交流合作平台，通过参观学习、实习等方式，使大学生提前融入社会学习，着力培养大学生创新创业的综合能力。通过将高校创新创业教育与校外实践学习和社会学习等多种方式有机结合起来，可以系统培养大学生创业所需的理论知识、实践能力以及积累丰富的管理经验等，其既是对传统课堂教学的改革，也可以有效帮助大学生初创企业提高企业经营绩效。

二、加大创业学习力度，提高大学创业园和众创空间的孵化能力

大学生初创群体与其他创业群体具有不同的特性，该群体具有创新意识强、知识储备丰富等天然优势，但也存在社会经验不足、实践能力欠缺等先天不足。在创业过程中若不能正确进行自我创业能力评估，则容易出现能力“虚高”的情况，即对自身的创业能力过分自信，这不利于提高创业的成功率。因此，在创业学习方面，继续提高大学生创业者的实践体验，对于合理提升大学生创业能力是十分有帮助的。积极推动高校创业孵化基地、大学生创业实践基地、众创空间、大学科技园等创新平台的建设，依托各类创新平台，引导和鼓励大学生积极参与创业实践项目，通过亲身参与企业的实际经营活动，可使大学生有效积累管理经验和提升实践能力。高校和地方政府应在这个方面着力，积极转变教育管理模式，从更大范围和更深层次上推进现行创新创业教育体制改革。

三、深化校政行企协同育人，创新大学生人才培养机制

各高校应分析高校毕业生就业和人才供需年度报告，依托年度报告对

人才需求变化进行预测和分析，及时调整专业设置，积极推动高校人才培养与经济社会发展相匹配。积极实施校政/校企协同育人计划，依托各高校学科优势，举办各类校政/校企合作实验班，探索建立校政行企协同育人新机制。此外，积极鼓励企业在高校设立研发中心，吸纳师生共同参与项目研究，培育和打造一支高水平的创新创业团队；支持高校打破传统学科领域之间的壁垒，面向全校开设跨专业创新创业课程，培养创业人才的多学科综合运用能力；探索建立高校联盟机制，建立创新创业教育联盟，促进创新创业优质教育资源的开放共享，优势互补。

四、完善高校创新创业师资队伍建设，加大创业过程的指导力度

高校应加大创新创业师资队伍的培养力度，通过创业教育培训、企业挂职等方式提升教师的创新创业能力。同时，鼓励各高校积极构建“千导计划”+区内及本市企业家精英+校内创新创业“双师型”教师组成的立体式、多维度、全行业、全覆盖创新创业导师群，由导师群对在校大学生创业项目提供一对一的创业实践指导，并共同参与制定人才培养方案及课程体系建设，不断优化及完善创新创业人才培养及课程体系。此外，逐步建立教师创新创业教育考评制度，将创新创业教育业绩列入教师专业技术职务评聘绩效考核的重要考察指标，提高教师对创新创业教育的重视程度。加强创新创业服务，探索建立创新创业专门服务机构，从“机构、人员、场地、经费”等方面为大学生创新创业提供管理咨询、工商、税务等全方位的“一站式”服务。对成功入驻学校创业园、创业孵化基地的大学生初创企业要给予特殊的照顾，包括租金的减免、办公场地租赁及设备支持等，并配备相应的创新创业导师。此外，加大创新创业信息化建设的投入力度，充分发挥互联网的优势，建立大学生创业信息服务平台，通过平台及时发布国家及省区关于创新创业的政策文件、创新创业项目、人才供给等信息。

五、改善创业生态环境，营造有利于大学生的创新创业氛围

校园内通过校园之声等校内广播、网络、报刊等渠道对知名企业家的

创业事迹以及大学生自主创业成功的典型案例进行广泛宣传，激发大学生的创业热情，引导学生树立正确的创业观以及坚定创业的信心；充分发挥学生社团的作用，通过举办创业讲座、沙龙、座谈会等方式，提升大学生对创新创业的认识；面向全校学生开设创新创业通识课程，从思想理论源头上培育大学生创新创业意识；积极举办和参加中国大学生“互联网+”创新创业大赛、“创青春”全国大学生创业大赛、电子商务大赛、“学创杯”全国大学生创业综合模拟大赛、电子商务大赛等各种创新创业大赛，为大学生搭建创新创业成果展示的舞台；鼓励和支持有自主创业能力的大学生开创能发挥自己专业特长的事业，以创业项目为载体，将创业的想法落实到实践中，激发创业的动力。此外，政府部门要通过各媒体加大对创新创业的宣传力度，制定和出台鼓励创新创业的政策，在全社会营造鼓励创业、宽容失败的良好社会氛围。

六、完善创新创业资金支持和政策保障体系

资金投入方面，与创新创业相关的政府管理部门要进一步整合和优化财政和社会资金，加大对大学生创新创业活动的投入力度，设立专项创新创业基金，用于支持高校大学生创新创业活动。各高校要及时学习和贯彻政府关于创新创业的文件精神，优化教育经费支出结构，多渠道筹集资金，统筹安排；加大对创新创业教育的投入力度，设立专项经费，用于支持大学生创业活动；鼓励设立创新创业教育奖励基金，对创新创业教育做出贡献的老师以及开展创新创业活动成绩卓越的大学生创业群体给以奖励，通过多渠道设立大学生创业风险基金，为大学生创业做好资金保障。政策层面，深入领会和贯彻落实国家有关创新创业激励和扶持政策的文件精神，同时，地方政府主管部门要积极制定和出台与地方经济发展相符合的鼓励大学生创新创业的政策文件，并从经费投入和政策保障等方面进一步加强对大学生创新创业活动的保障力度。

第三节　百色学院创新创业教育体系介绍

百色学院对创新创业教育模式进行了多年的深入探索，自 2006 年升格为本科院校以来，百色学院发扬“弘扬传统，团结务实，奉献拼搏，争先创新”的“百色精神”和“团结合作，艰苦奋斗，克难攻坚，磨砺成才”的“石磨精神”，敢为人先，主动探索应用型人才培养和创新创业人才培养的新思路、新举措、新模式。总体来说，百色学院创新创业教育改革走过了借鉴模仿、试用调整和成型推广三个发展阶段，并最终构建了独具特色的创新创业教育“D-TSO”模式。现将经验做法总结如下：

一、百色学院创新创业教育模式

百色学院创新创业教育“D-TSO”模式，包括两个层次(Double)和三个类型“理论(Theory)—模拟(Simulation)—实操(Operation)”，其框架如图 6-1 所示。

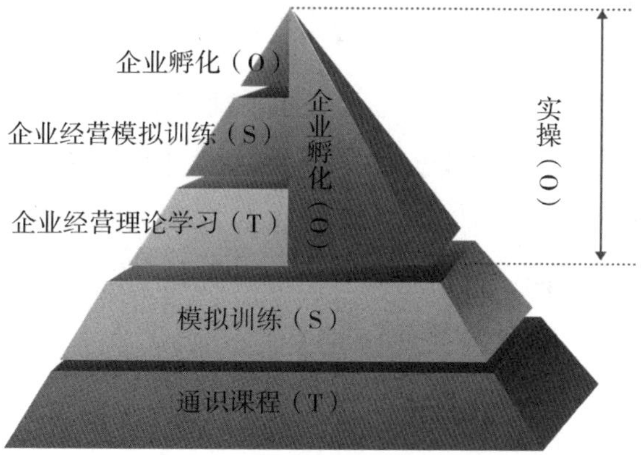

图 6-1　百色学院创新创业“D-TSO”模式框架

1. 两个层次

“TSO”分为两大层次：第一层“TSO”是全校创新创业教育模式，由理论学习(T)、模拟训练(S)、实操(O)组成；第二层“TSO”是创新创业学院创新创业教育模式，也是采取“TSO”模式进行培养。在图6-1中，全图是第一层“TSO”，顶端左侧部分是第二层“TSO”。

进入创新创业学院的学生，首先进行企业经营理论学习(T)，其次开展企业经营模拟训练(S)，最后进入“实体型”的企业孵化阶段(O)。其中，进入第三阶段的学生(团队)享受“五个百分之百”待遇：百分之百有项目、百分之百有团队(创业企业团队)、百分之百有基地、百分之百有导师、百分之百有基金。

2. 三个类型

类型一：全校所有学生接受通识课程学习(T)。全校学生都必须学习创商培育与测评、创业基础、职业发展与就业指导3门创新创业通识必修课程，各二级学院根据专业特点至少开设一门以上创新创业课程。

类型二：上一类型中有创新创业志趣的学生接受模拟训练(S)。主要是依托大学生创新训练计划项目、大学生“挑战杯”大赛、“互联网+”大学生创新创业大赛、大学生创新创业遴选大赛及各种学科竞赛等活动，进行创新创业模拟训练。

类型三：上述两类学生中有志于创新创业实际操作的学生，开展实操训练(O)。这里又分为两部分，一部分经选拔进入我校基金植入型实体创业学院学习和企业孵化培训；另一类经重新选拔，进入学校大学生创业孵化基地和大学生创业园，进行企业孵化培训。

二、百色学院校企合作实体型创新创业学院的构建

1. 成立的背景

百色学院创新创业学院由百色学院联合中科招商集团共同创建，学院于2015年5月27日正式挂牌成立。百色学院创新创业学院以服务青年创业者为宗旨，以打造独特的由“教学中心、实训中心、孵化中心”三面旗帜

共同驱动的高水平、有特色、富活力的创新创业人才培养基地与青年创业服务平台为目标。中科招商集团在百色学院设立总规模为5亿元的“百色创新创业投资基金”，优先用于百色学院师生及校友创新创业、项目孵化、成果转化等。

2. 合作目的

百色学院与中科招商集团结成全面战略伙伴关系，共同创办创业学院，实施大学“三基”工程，携手培养高校学生创新创业精神与技能，搭建适合创新创业人才培养和高新技术企业孵化的微环境，推动科技成果的转化和社会经济的发展。充分发挥校企双方在教学、资金、科技、平台、产业等方面优势，推动百色学院的创新发展，培养新时代的创新型人才，打造百色学院创新创业教育与实践基地，为建设创新型国家做出贡献。

3. 合作模式

在创新创业教育上，我校采取校企联合办学的模式。学校提供办学场地、部分师资及相关教学资源，并为学院的持续发展和壮大提供尽可能宽松的政策环境，努力保证与学院办学条件相适应的充足的招生计划指标，最大限度地为创业学院争取政府政策的支持。双方共同建设师资队伍，共同协商学科规划及专业设置，进行课程体系的研发与整合。学校重点整合校内教学资源，企业重点整合校外包括海外教育资源等。通过校企合作，实现学校与企业的双向互补，实现学校与企业的物力和智力资源的共享，融合高校教育理念和企业理念，培养出符合社会需要的高级应用型人才，在人才供求关系上完成学校与企业的良好对接，相互渗透，促进校园文化和企业文化的交融，从而产生规模效应，走上高技能人才培养的快车道，实现学校与企业的“双赢”。

4. 创新创业学院组织架构

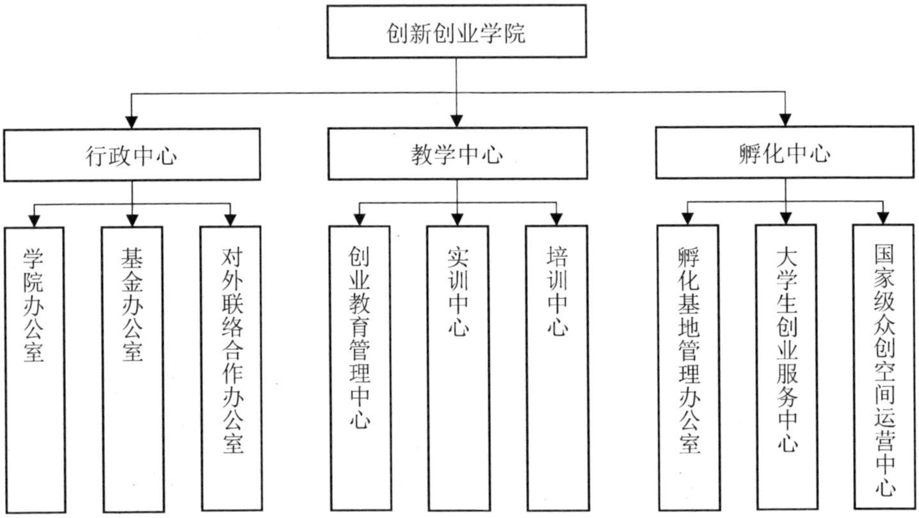

图 6-2　创新创业学院组织架构

5. 学院发展的目标及定位

创新创业学院在创业教育方面，根据实际制定了发展目标：一是将创新创业学院的教育功能融入百色区域经济社会发展轨道。学院努力构建百色地区经济开发区、产业聚集区创新发展对接平台，争取在“十三五”期间建成一套完善的人才培养、科技服务、技术创新、万众创业的一体化发展机制，促进百色地区产业发展。二是适应、融入新业态发展，瞄准当地经济社会发展的新增长点，形成人才培养和技术创新的新格局。创新创业学院利用校企合作、校地合作优势，推动“互联网+”战略在百色地区加速推进，争取“十三五”期间在区内形成人才培养和技术创新的新优势，并推动百色学院向服务产业转型升级和先进技术转移应用特色鲜明的应用型大学转变。三是建立较为完善有效的校企、校地合作办学机制与合作治理平台。四是建立起一个紧密对接百色地区产业链、创业链的专业平台体系。学院大力改造传统专业，设立复合型新专业，设立课程超市，目前学院已设有工商企业管理(创业实务方向)高职高专专业，并于2017年增设电子商务(创业方向)本科专业。五是深化专业人才培养方案和完善课程体系建设，全面推行案例教学、项目教学，构建以结果为导向的人才培育体系，全面将慕课和翻转课堂教学方式应用到创新创业人才培养的过程中。六是继续建设并完善学院创新创业孵化基地，争取在“十三五”期间建成功能集约、资源共享、充分开放、运作高效的创新创业国家级孵化平台。

6. 学院的运作模式

百色学院创新创业学院以校企合作的实体型创业学院为牵引，在办学中逐步构建了行政中心、教学中心以及孵化中心三个中心、三大功能模块的联动运作模式。其中，行政中心设立学院办公室、基金办公室以及对外联络合作办公室；教学中心设立创业教育管理中心、实训中心以及培训中心；孵化中心设立孵化基地管理办公室、大学生创业服务中心、国家级众创空间运营中心。三个中心内部形成完整的创业人才培养体系。创新创业学院以创业企业共性需求为核心，整合政务、科技金融和专业服务等各类资源打造便利、高效的一站式服务平台。

7. 行政中心

行政中心是学院正常运转、对外联络、基金筹措与管理的重要保障，负责整合碎片化资源，对接政府、媒体、园区以及创投机构等创新创业支撑体系，使之形成集聚效应。此外，行政中心还负责学院宣传及媒体对接、后勤保障及服务等，对学院的线上线下活动进行跟踪报道以及网站、微信等平台的建设。

8. 教学中心

教学中心是学院办学的功能定位所在，负责开展学历教育以及高端培训，其中学历教育分电子商务本科(创业方向)、工商企业管理专科(创业实务方向)、中小企业创业管理三个全日制教育以及工程管理(创业方向)、财务管理(创业方向)双学位教育；高端教育包括中外合作办学、创新创业人才培养以及创新创业师资培训三个方面。

9. 孵化中心

孵化中心是学院的创新创业教育以及为大学生创业提供服务最重要的平台所在，孵化中心围绕传媒、人才、资源、资金四个方面形成一个完整的创业生态系统。

首先，大学生创业服务中心负责为优秀大学生及百色市青年创新创业项目及团队提供孵化物理空间、培训咨询、监管指导、创业扶持等相关公益性服务，引导和带动各级各类创新创业孵化基地的建设。其次，国家级众创空间运营中心负责整合国内及百色市创新创业资源，协同创新链与产业链，打造线上、线下结合，多样互动的新型创业服务集聚区，引导广大青年创业者走合法、优质、高效的创业道路，储备一批成长性中小企业，培育一批规模创新企业，为百色地区经济发展提供后续动力。最后，孵化基地管理办公室从“创新”“创业”和“创富”三个维度，根据不同类型的项目团队，开展有针对性的系列活动，如名家系列创新讲座、项目路演诊断、创投基金推荐等，是高校师生创业学习和模拟创业的平台。

10. 学院新模式的贡献和意义

(1)贡献

首先，校企合作的实体型创新创业学院开创了校企合作教育的新模式。在全国虽然有不少高校已经陆续成立了创新创业学院，但以校企合作方式办学的高校相对较少，百色学院走在了全国的前列，特别是在区内，百色学院是第一所校企合作开办创业教育的高校，开创了以校企合作的实体型创业学院为牵引的高校创业教育新模式，在目前大众创新、万众创业的时代潮流中，这种新模式无疑对传统的高校创新创业教育具有一定的冲击，并对高校创新创业教育有着重要的经验借鉴作用。

其次，创造了一条较为完整的创业生态系统，可为同类高校提供借鉴。创新创业学院通过校企合作的方式，整合高校、企业、政府、地方产业等资源优势，集创业教育、创业服务、成果转化于一体，从创业启蒙到成果转化之间形成了一个完整的创业生态系统，真正形成了高校产学研创的一体化平台。

再次，为大学生提供了优质的融资路演平台。创新创业学院通过邀请创业导师培训，提升大学生创新创业素质与能力。通过项目路演及举办创业大赛，吸引投资经理，为企业获得融资，从而达到真正为大学生创新创业服务的宗旨。

最后，探索出新的创新创业型人才培养模式，符合加快高水平应用型大学建设的目标。创新创业学院结合地方特色，积极创建创新创业教育办学基础，完善“双师型”教师队伍建设机制，完善创新创业课程体系建设，为建设特色鲜明、多学科协同发展的区域高水平应用型大学做出了贡献。

(2)意义

第一，通过校企合作方式，推进多层级创新创业教育课程建设改革，注重培养大学生创新创业精神和自主学习能力。高校的创新创业教育是建立在素质教育和创新创业教育基础上的一种新的教学模式，其教学目的不是对大学生创新创业实训技能进行培育，而是重在培养大学生的创新精神和创业意识。创新创业教育应该成为当前高校创新型人才培养的重要突破口。基于此，笔者认为创新创业教育课程的建设应该根据实践需要进行不断调整。传统的教育模式一般遵循理论教育为主，实践教育为辅，创新创业课程也几乎陷于基础理论教育，任课教师一般以理论讲授为主，很少涉及创新创业实践。创新创业学院立足于校企合作办学优势，在课程设置上采取校企协商合作共建创新创业课程体系的方式，积极推进多层级创新创业教育课程建设改革，注重培养大学生的创新创业精神和自主学习能力。

第二，将创新创业教育融入专业教育，培养有一技之长的创新型人才。创新创业教育融入专业教育，并不是简单地将某些管理学、经济学类的课程移植到其他专业院系，而是要结合专业特色，以面到点，有针对性地进行创新创业教育的引导。创新创业学院结合百色地区政策、产业、区位优势等，开设了工商企业管理（创业实务管理方向）专业，并结合百色地区电子商务高级人才紧缺的短板，于2017年增设电子商务全日制本科专业，专注为百色地区提供高端电商人才。

第三，注重教师创新创业实战经验背景，推动校企共建创新创业师资队伍。当前国内大多数高校已经意识到创新创业教育师资培养的重要性。在当代大众创新、万众创业的时代背景下，创新创业师资要求越发严格，特别是高校创新创业教育，更需要建设一支具有专业背景，既能从事学术研究，又具有创新创业实践经验，能够将创新创业教育元素融入实践和专业研究的“双师型”师资队伍。创新创业学院利用校企合作优势，通过千名创业导师计划，在创新创业教育中引进“双师型”创新创业师资，以达到提高其在授课中对学生创新意识和创业能力的引导和教学作用。

第四，整合高校、企业、地方产业、地方政府等各种资源为创新创业教育服务。高校的创新创业教育过程本身应该是从启蒙到成果转化的全过程教育服务，创新创业本身就应该是一个集人才培育、资金、资源、政策于一体的生态系统。如果只是高校，或者只是企业个体，创新创业教育根本无法达到目标。百色学院通过与中科招商集团合作，企业为学校创新创业教育提供创业投资资金、企业人员师资力量、人力资源等，而高校负责提供大学生创新创业场地、人才资源、创新创业师资等，地方政府负责整合各县市区创业项目、政策、资源等，各司其职，达到协作共赢的目的，从而形成一个长效稳定的创新创业生态系统。

三、学院人才培养新模式——“洋葱模型”

1. 模型构建的背景及意义

国家于2010年先后颁布了《国家中长期教育改革和发展规划纲要（2010—2020年）》《关于大力推进高等学校创新创业教育和大学生自主创业工作的意见》《关于深化高等学校创新创业教育改革的实施意见》等文件，明确提出了深化高等院校创新创业教育的改革方向，推进高等教育综合改革，促进高校毕业生更高质量创新创业的重要举措。在这一背景下，百色学院紧紧抓住发展机遇，围绕学校与区域的优势资源，以服务区域经济发展为导向，深入贯彻培养创新创业应用型人才的思想，积极实施创新创业人才改革，以满足社会发展、人才成长和学校生存发展的迫切需要。但在实际工作中却面临诸多问题：第一，缺乏优质创新创业教育资源，包括师资、课程、项目、平台、场地和资金等；第二，缺乏创新创业基金，包括大学生创业项目基金、创新创业教育培训基金等；第三，现有的创新创业教育体系碎片化、单一化，无法起到统筹、示范、辐射的作用。有鉴于此，百色学院运用校企合作、协同育人理念，创造性地与中科招商集团建设了专门从事创新创业教育的二级学院机构——创新创业学院。创新创业学院正式成立后，经过深入、系统的探索研究和实践创新，探求解决上述瓶颈问题的具体路径和实现方式，提出了独具特色的校企合作创新创业教育新模式——“洋葱模型”，并取得了显著的实践成效，对全国应用型本科院校探索创新创业教育模式具有一定的借鉴及示范意义。

2. 模型构建的思路及目标

百色学院以创新创业学院为抓手，首先面向全校学生开设创新创业通识课程；其次对具有创新创业兴趣的大学生开展创业讲堂、创业沙龙、创业特训、创业模拟、创业实训、创业项目路演等一系列训练科目；最后对有创意、有团队、有基金的比较成熟的大学生创业项目进行创业孵化，培育及提高大学生创业知识与创业能力，提高创业层次。具体思路是：①与企业通力合作，引进校外优质资源，开展校企合作、协同育人的创新创业教育，发挥引领带动和示范作用；②创建覆盖各行业的创业导师网络系统，构建健全及完善的创新创业教育体系和协同育人机制，全面提升创新创业教育水平和教育模式质量；③引入创新创业公益基金及创投基金，创建多层次、广覆盖的大学生创业项目社会化运作机制及创业支撑体系；④依托自身创新创业人才优势，联合校、政、企三方，共享资源，整合优化，打造开放式、多层次的创新创业平台。这一模式的关键着力点及特色在于32个字的方针策略——学院牵引、差异递进、校企合作、项目带动、整合资源、基金植入、优势孵化、立体协同，从而全面挖掘、整合、激活和提升创新创业教育资源，实现健全完善的创新创业教育模式的终极目标。

3. 模型构建的内涵及步骤

“洋葱模型”是一个集“学、训、练、演、赛、孵”于一体的完整的创新创业教育模式体系，主要包括六大模块，如图6-3所示。

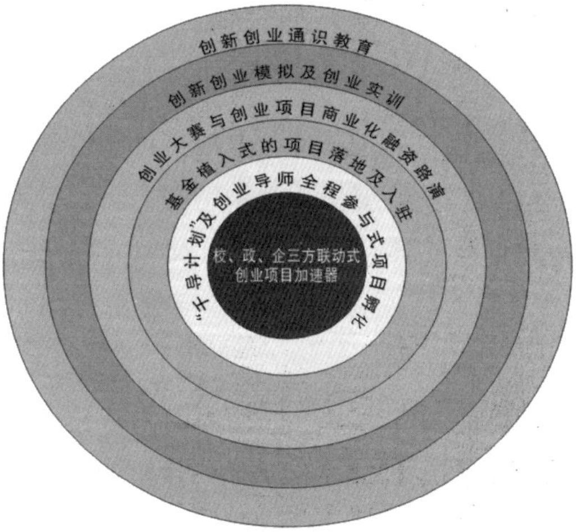

图6-3　“洋葱模型”六大模块

第一层：创新创业通识教育。该模块包含三大课程体系：①面向全校学生开设创商培育与测评、创业基础等通识必修课程。②各学院根据专业特点开设“专业+创业”系列选修课程。③面向全校学生开设系列创新创业培训课程。此层属于创新创业基础教育层次，目的在于培养大学生创业精神与创业意识。

第二层：创新创业模拟及创业实训。该模块包含两大课程体系：①面向全校高年级学生以及地方创业青年开设创业模拟初级和高级选修课程。

②面向全校高年级学生以及地方创业青年开设创业实训系列模拟课程。此层属于创新创业教育及能力培养拔高层次，目的在于培育及提高大学生及地方创业青年创业知识与创业能力水平。

第三层：创业大赛与创业项目商业化融资路演。该模块包含三大活动：组织互联网+创业大赛、校内创新创业项目遴选与基金投资孵化大赛及校外风险投资机构专场融资路演活动。此层属于创新创业教育进一步拔高层次，目的在于推动校内外创业青年的创新创业项目实现市场化运作。

第四层：基金植入式的项目落地及入驻。该模块包含两大内容：基金植入以及项目入驻。优秀的创业团队和创业项目通过创业大赛及融资路演获得基金支持后，便可以申请入驻创新创业学院的创业孵化基地进行项目孵化。此环节旨在帮助大学生解决在创新创业过程中遇到的资金短缺问题，目的在于共享校内外优势资源，创建一个多层次、广覆盖的社会化项目运作和创业支持体系，从而帮助学生成功创业。此层属于创新创业精英型教育层次。

第五层："千导计划"及创业导师全程参与式项目孵化。该模块包含两大服务内容：①"千导计划"即主要通过引入合作企业中科招商集团的"千名创业导师帮扶计划"项目，该项目基本覆盖了所有的行业，目前注册导师人数已达到 3 千多人。②在区内及本市范围内引进具有创业经验的企业家和其他精英人士组建学校创业导师网络，对我校大学生创业项目提供一对一的创业教育与创业实践指导。通过以上两个环节所构筑的立体式导师网络群，不仅能够提升大学生创业项目的运营能力，还能增强百色学院校内创新创业型老师的创业辅导能力及基本技能，为学校创新创业教育模式提供充足的动力及保障。

第六层：校、政、企三方联动式创业项目加速器。该模块主要目的是整合三方资源，通过联合政府、学校、企业三方力量共同构建大学生创业孵化基地，为大学生创业提供必备的"土壤"(办公场地及办公设备)、"水分"(公益基金及商业基金)、"空气"(各项优惠创业政策)，从而提高大学生创业项目的存活率及孵化成功率。

四、模型解决的实际问题

1. 解决了高校创新创业型教育模式不够清晰、不够系统的运行机制问题

目前全国范围内构建的创新创业教育模式缺乏全校性的布局及整体性思维，从如何开设、如何教授创新创业通识课程到创新创业实训环节如何设置再到大学生创业项目如何落地、如何孵化等环节都不够清晰，特别是缺乏全局性、系统性和整体性。“洋葱模型”的构建正好解决了这个问题。

2. 解决了各部门衔接不到位、资源不够集中的管理机制问题

经走访调查发现，大部分学校开设创新创业教育只局限于某个部门或由二级单位来负责，其他部门无从介入，存在各部门管理分散、衔接不到位、资源不够集中、重复建设等问题，各部门缺乏联动机制。“洋葱模型”的构建以链条环环相扣的形式解决了此类问题。

3. 解决了学生创新能力不足、创业能力不够的创业实践问题

作为普通本科院校，相当一部分学校应该定位为应用型大学，而许多高校在教育模式中却重教育、轻实践，或者有的高校重孵化、轻教育。“洋葱模型”的构建从基础的理论教育到后期的孵化实践都进行了很好的布局及链接，达到了一手抓理论、一手抓实践(孵化)，两手都要抓、两手都要硬的目的。

4. 解决了学生有团队无导师、有项目无资金的创业保障问题

在长期的实践工作中，通过对大学生创业的长久观察及分析，我们发现大部分学生创业项目要想落地和转化，普遍缺乏两个方面的支持，一个是专业指导，一个是启动资金。“洋葱模型”的构建与运用有效解决了这两方面的难题。

五、模型的创新点

“洋葱模型”创新点主要体现在以下几点。

1. 首次提出了全链条递进式创新创业教育模式——“洋葱模型”

学院经过摸索，首次提出了针对性强的全链条递进式创新创业教育模式——“洋葱模型”。学院以培养输出创新创业精英人才为终极目标，开展“学、训、练、演、赛、孵”系列教学活动，激发学生创新创业能力，孵化优秀创业项目，培养成功的大学生企业。

2. 首次成立创新创业公益基金及创投基金以保障入驻项目的孵化成长

学院在全区范围内率先成立创新创业公益基金及创投基金。基金以项目导向为原则，用于保障大学生创业项目的落地及孵化。同时基金采取植入—扶持—落地—成功—回报—再植入的运作模式，保障了基金的可持续性供给，有效解决了大学生项目不够市场化与资金不足等问题，从而提高了学生创业竞争力。

3. 首次创建了覆盖所有行业的创业导师群

学院将中科招商集团的“千导计划”与学校的本地企业导师和校内创新创业“双师型”教师相互融合，构成了覆盖所有行业及领域的导师队伍，为学校创新创业教育提供了充足的师资保障。

4. 首次打造了校、政、企三方联动的创新创业实践平台

学院创新创业教育模式不止于校内“闭门造车”，而是提倡开放式、多层次、多平台的教育模式。在发展战略上，学院联合共青团百色市委、百东新区、南宁高新区及中科招商集团、环球集团等，共建了“百色市青年创客大街”、南宁高新区“百色学院大学生创新创业孵化基地”等创新创业

实践平台，整合了学校、企业、政府三方资源，实现校、政、企三方联动，让大学生项目拥有“三有”，即有孵化场地，有孵化基金，更有政府提供的创业政策，从而大大提高了大学生创业项目的科技含量及孵化成活率。

第四节　本书的研究局限及未来展望

一、研究局限

本书对创业导向、大学生创业学习、创业环境及初创企业绩效的关系进行了深入分析，以期进一步丰富关于大学生群体的创业理论。然而，对于创业群体的研究，特别是大学生这个特殊创业群体的研究，目前还处于起步阶段，尚未形成系统的研究理论。本书针对上述议题的研究也处于探索阶段，在许多方面还存在欠缺，需要在未来研究中作更深入的研究。

首先，数据样本的来源具有一定的地域局限性。在样本采集中，受客观条件的制约，主要的样本数据来源于广西高校的创业大学生，其研究结果对于全国高校大学生创业者来说是否具有普适性还有待进一步的研究和考证。此外，我国东西部地区经济发展差异性较大，创业环境也相差甚大。本书研究的背景是基于西部地区的大学生创业，而东部高校的大学生创业群体尚未涉及。因此，在未来的研究当中，需要增加针对不同省（市）的研究样本加以验证确认，从而增强本书相关研究结论的可推广性。

其次，创业学习量表的维度划分还存在一定的局限性。由于当前研究对创业学习的文献较少，且学者们对该领域的研究还不够深入，因此，创业学习量表至今尚未形成科学合理的划分方法。在今后的研究当中，我们将对大学生创业学习范式的解构进行深入研究分析，并结合我国大学生群体的实际情况，构建更加科学、合理的大学生创业学习量表。

最后，创业导向与初创企业绩效之间的影响变量研究还存在一定的局限性。在本书的研究当中，对创业导向与初创企业绩效之间的关系，我们将大学生创业学习作为中介变量，创业环境作为调节变量，在变量的引入方面还有值得挖掘的空间。在今后的研究中，可以将组织学习概念等相关变量引入研究中。总而言之，对创业导向与初创企业绩效、大学生初创群体、大学生创业学习等相关领域内的研究还有诸多亟待解决的问题，需要我们在未来作更深入的研究。

在今后的研究中，我们将对上述存在的问题进行深入思考，并运用更加科学的方法、严谨的数据取样，构建模型进行实证研究，从更宽广的视角剖析创业学习对创业绩效的作用机制。

二、未来展望

本书在对创业导向、大学生创业学习、创业环境及初创企业绩效等相关理论进行总结归纳的基础上，进一步厘清了创业导向与初创企业绩效、创业导线与大学生创业学习、大学生创业学习与初创企业绩效、创业环境与初创企业绩效之间的逻辑关系，并通过实证分析，得到了一个基本的研究结论，但后续的研究依旧可以从研究方法和视角、研究假设等方面进行深入的挖掘。与此同时，本书涉及的变量较多，可能在一定条件下会对研究结果产生影响。基于本书研究存在的局限性，笔者认为未来可以从以下几个方面进行深入研究。

(1)加强创业导向、大学生创业学习、创业环境、初创企业绩效之间关系研究的效度。一方面是增大样本采集量，采集不同地区、不同行业初创企业的数据，比较不同区域、不同行业的企业的创业导向、创业学习、创业环境对企业绩效的影响是否相同；另一方面，探索采用时间序列数据对研究中提出的假设进行检验，探讨创业学习、创业导向对企业绩效的长期影响机制。

(2)更加科学、合理地构建研究模型。本书构建的模型对创业导向的维度只选择了三个，然而，为了更加科学、全面地衡量创业导向对初创企业绩效的影响，还应增加现有研究学者提出的自治性和积极竞争这两个维度，从而使结论具有更强的普适性。

(3)本书研究主要是从大学生创业学习个人层面对创业者进行研究，并未以核心创业团队的团队学习作为研究对象。大学生创业团队的创业学习是否也存在类似的关系有待进一步验证。

参考文献

[1]蔡莉,肖坚石,赵镝.基于资源开发过程的新创企业创业导向对资源利用的关系研究[J]. 科学学与科学技术管理,2008,29(1):98-102.

[2]蔡莉,单标安,汤淑琴,高祥. 创业学习研究回顾与整合框架构建[J]. 外国经济与管理,2012(5):1-8.

[3]陈文婷,李新春. 中国企业创业学习:维度与检验[J]. 经济管理,2010(8):63-72.

[4]陈文婷.创业学习、知识获取与创业绩效——基于家族第二代企业家的研究[D].东北财经大学,2010.

[5]丁桂凤,李永耀,耿英伟. 多维视野中的创业学习[J]. 南京师大学报(社会科学版),2010(6):101-106.

[6]丁明磊,丁素文,等. 大学生创业自我效能、行为控制知觉与创业意向的实证研究[J]. 统计与信息论坛,2011,26(3):108-112.

[7]丁明磊,王云峰,吴晓丹. 创业自我效能与企业家认知及创业行为关系研究[J]. 商业研究,2008(5):139-142.

[8]杜海东. 创业团队经验异质性对进入战略创新的影响:创业学习的调节作用[J]. 科学学与科学技术管理,2014,35(1):132-139.

[9]杜运周,任兵,张玉利.新进入缺陷、合法化战略与新企业成长[J]. 管理评论,2009,21(8):107-115.

[10]范巍,王重鸣. 创业倾向影响因素研究[J]. 心理科学,2004,27(5):15-17.

[11]方双虎,姜飞月. 生涯自我效能理论及其在职业指导中的应用[J]. 外国教育研究,2010(10):88-96.

[12]高申春. 自我效能理论评述[J]. 心理发展与教育,2000,16(1):60-63.

[13]韩力争,傅宏. 大学生创业自我效能感量表的构建[J]. 南京师大学报(社会科学版),2009(1):113-118.

[14]韩力争.《大学生创业心理素质调查问卷》的编制[J]. 湖南财经高等专科学校学报,2008,24(3):154-156.

[15]胡望斌,张玉利. 新企业创业导向转化为绩效的新企业能力: 理论模型与中国实证研究[J]. 南开管理评论,2011,14(1):83-95.

[16]胡望斌,张玉利,牛芳. 我国新企业创业导向、动态能力与企业成长关系实证研究[J]. 中国软科学,2009(4):107-118.

[17]胡望斌,张玉利,杨俊. 基于能力视角的新企业创业导向与绩效转化问题探讨[J]. 外国经济与管理,2010,32(2):1-8.

[18]姜飞月,郭本禹. 从个体效能到集体效能——班杜拉自我效能理论的新发展[J]. 心理科学,2002,25(1):14-115.

[19]蒋晓莲,薛咏红,汪国成. 自我效能研究进展[J]. 护理研究,2004,18(9).

[20]焦豪,魏江,崔瑜. 企业动态能力构建路径分析:基于创业导向和组织学习的视角[J]. 管理世界,2008(4):91-106.

[21]焦豪,周江华,谢振东. 创业导向与组织绩效间关系的实证研究——基于环境动态性的调节效应[J]. 科学学与科学技术管理,2007,28(11).

[22]景琳. 基于创业自我效能的大学生创业教育研究[J]. 经济论坛,2010,482(10):54-56.

[23]赖昌贵. 社会学习理论关于德育心理的研究[J]. 福建师范大学学报(哲学社会科学版),1995(3):111-119.

[24]李钉,苗元江,赵姗. 创业自我效能感:历史、测量与培养[J]. 人力资源管理,2011(3):174-177.

[25]李璟琰,焦豪. 创业导向与组织绩效间关系实证研究: 基于组织学习的

中介效应[J]. 科研管理,2008,29(5):35-41.
[26]李雯,夏清华. 学者创业如何影响大学衍生企业的创业导向——基于湖北省“211 工程”大学衍生企业的实证研究[J]. 科学学研究,2011,29(4):610-618.
[27]李雪灵,姚一玮,王利军. 新企业创业导向与创新绩效关系研究: 积极型市场导向的中介作用[J]. 中国工业经济,2010,6(6):116.
[28]李永占. 略论自我效能感对学业成就和职业选择的影响[J]. 河南医学高等专科学校学报,2007,19(2):155-157.
[29]林枫. 创业学习与创业导向关系辨析[J]. 科学学与科学技术管理,2011,32(7).
[30]凌永涛,黎赔肆. 创业导向的研究视角综述[J]. 金融经济,2010(11B):76-77.
[31]刘慧. 论学业自我效能感的培养[J]. 赣南师范学院学报,2003(4):57-60.
[32]刘井建. 创业学习、动态能力与新创企业绩效的关系研究[J]. 科学学研究,2001,29(5):728-734.
[33]刘井建. 动态能力与新创企业绩效的关系实证研究[J]. 中国科技论坛,2011(9).
[34]陆昌勤,方俐洛,凌文辁. 组织行为学中自我效能感研究的历史、现状与思考[J]. 心理科学,2002,25(3).
[35]陆文聪,杜传文. 国外创业学习模型研究述评[J]. 科技进步与对策,2012,29(9):157-160.
[36]路杨,冯洁惠. 自我效能理论在护理领域的研究现状[J]. 全科医学临床与教育,2009(4):409-411.
[37]马鸿佳,董保宝,葛宝山,等.创业导向、小企业导向与企业绩效关系研究[J]. 管理世界,2009(9):109-115.
[38]马昆姝,胡培,覃蓉芳. 创业自我效能研究述评[J]. 外国经济与管理,2008,30(12):59-64.

[39]孟慧,倪婕. 目标定向与反馈寻求及绩效的关系研究综述[J]. 心理科学,2002,25(4):457-460.
[40]倪宁,王重鸣. 创业学习研究领域的反思[J]. 科研管理,2005,26(6):94-98.
[41]彭艳玲,孔荣,王瑞红. 创业自我效能感及其对农民创业意向的传导作用[J]. 经济与管理研究,2011(12):56-61.
[42]彭永新,龙立荣. 大学生职业决策自我效能测评的研究[J]. 应用心理学,2001,7(2):38-43.
[43]盛南. 社会创业导向及其形成机制研究:组织变革的视角[D]. 浙江大学,2009.
[44]孙菲,宋正刚. 基于过程视角的创业学习研究述评[J]. 华东经济管理,2012(9):138-142.
[45]汤明,沈超红. 创业自我效能感研究综述[J]. 改革与开放,2009(5):124-125.
[46]王大开.企业生命周期对创业导向与企业绩效关系的影响研究[D].西南交通大学,2008.
[47]王德华. 班杜拉的自我效能理论述评[J]. 湖北师范学院学报(哲学社会科学版),1992(5):16.
[48]王向阳,徐鸿. 企业成长性标准的界定研究[J]. 中国软科学,2001(7):64-67.
[49]魏江,焦豪. 创业导向、组织学习与动态能力关系研究[J]. 外国经济与管理,2008,30(2):36-41.
[50]吴昭,王彭,严建雯. 创业自我效能感研究的回顾与展望[J]. 创新与创业教育,2013(3),32-35.
[51]夏霖,陆夏峰. 创业导向与企业绩效:胜任力和资源的影响[J]. 应用心理学,2006,12(3):239-245.
[52]肖虹.班杜拉社会学习理论的认知与融合性特征研究[D].山东大学,2007.

[53]谢冬华,王云强. 自我效能研究领域的一本鼎力之作——评《自我效能理论及其应用》[J]. 心理研究,2009,2(2):95-96.
[54]谢洪明,程聪. 企业创业导向促进创业绩效提升了吗?——一项 Meta 分析的检验[J]. 科学学研究,2012,30(7):1082-1091.
[55]刑建文.环境动态性对创业导向与绩效关系的作用研究[D].吉林大学,2009.
[56]杨艳,胡蓓. 社会网络、创业自我效能感与创业意图的关系研究[J]. 软科学,2011,25(6):59-63.
[57]岳晓东. 论偶像——榜样教育[J]. 中国教育学刊,2004(9):17-20.
[58]岳晓东.荣辱之间[J].少年文摘,2003(11):84-85.
[59]杨阳,赵镝,宿凌楠. 创业导向对企业绩效影响实证分析[J]. 税务与经济,2007(4):36-40.
[60]占怡. 个人创业特征、创业效能感与创业行为策略的关系研究[D]. 浙江大学,2008.
[61]张莹. 创业者特质对创业导向的影响研究[D].吉林大学,2008.
[62]张玉利. 创业者自我效能对创业过程的影响[J]. 科技与经济,2010,23(6):79-82.
[63]张玉利,李乾文. 公司创业导向、双元能力与组织绩效[J]. 管理科学学报,2009,12(1):137-152.
[64]赵磊.我国高校创业教育对大学生创业绩效影响的实证研究[D].河北师范大学,2011.
[65]赵荔,丁栋虹. 创业学习实证研究现状探析[J]. 外国经济与管理,2010,377(7):8-16.
[66]赵文红,孙万清. 创业者的先前经验、创业学习和创业绩效的关系研究[J]. 软科学,2013,27(11):53-57.
[67]赵志红. 自我效能理论简述[J]. 湖北第二师范学院学报,2003,20(4):98-99.
[68]郑馨. 权变视角下的创业导向与组织绩效关系研究[J]. 外国经济与管

理,2007,29(9):24-30.

[69]钟卫东,黄兆信.创业者的关系强度、自我效能感与创业绩效关系的实证研究[J].中国科技论坛,2012(1):131-137.

[70]钟卫东,孙大海,施立华.创业自我效能感、外部环境支持与初创科技企业绩效的关系——基于孵化器在孵企业的实证研究[J].南开管理评论,2007,10(5):68-74.

[71]朱秀梅,孔祥茜,鲍明旭.国外创业导向研究脉络梳理与未来展望[J].外国经济与管理,2013,35(8):2-13.

[72]朱秀梅,张婧涵,肖雪.国外创业学习研究演进探析及未来展望[J].外国经济与管理,2013,35(12):20-30.

[73]Bandura A. Self-efficacy: The exercise of control[M]. New York: WH Freeman,1997:3-604.

[74]Bandura A. Social cognitive theory of personality[J]. Handbook of Personality,1999(2):154-196.

[75]Betz N E, Hackett G. Applications of self-efficacy theory to the career assessment of women[J]. Journal of Career Assessment,1997,5(4):383-402.

[76]Bird B. Implementing entrepreneurial ideas: The case for intention[J]. Academy of Management Review,1988,13(3):442-453.

[77]Boyd N G, Vozikis G S. The influence of self-efficacy on the development of entrepreneurial intentions and actions[J]. Entrepreneurship Theory and Practice,1994,18(4):63-77.

[78]Chen C C, Greene P G, Crick A. Does entrepreneurial self-efficacy distinguish entrepreneurs from managers? [J]. Journal of Business Venturing,1998,13(4):295-316.

[79]Colton D A, Roth M S, Bearden W O. Drivers of international etail performance: The complexities of orientations and resources[J]. Journal of International Marketing,2010,18(1):1-22.

[80] Dam V K, Schipper M, Runhaar P. Developing a competency-based framework for teacher's entrepreneurial behaviour[J]. Teaching and Teacher Education,2010,26(4):965-971.

[81] Elenurm T. Entrepreneurial orientations of business students and entrepreneurs[J]. Baltic Journal of Management,2012,7(2):217-231.

[82] Frishammar J, Åke Hörte S. The role of market orientation and entrepreneurial orientation for new product development performance in manufacturing firms[J]. Technology Analysis & Strategic Management, 2007,19(6):765-788.

[83] Hughes M, Morgan R E. Deconstructing the relationship between entrepreneurial orientation and business performance at the embryonic stage of firm growth[J]. Industrial Marketing Management,2007,36(5):651-661.

[84] Lee J. An analysis of the antecedents of organization-based self-esteem in two Korean banks [J]. The International Journal of Human Resource Management,2003,14(6):1046-1066.

[85] Lee L, Wong P K, et al. Entrepreneurial intentions: The influence of organizational and individual factors[J]. Journal of Business Venturing, 2011,26(1):124-136.

[86] Lumpkin G T, Dess G G. Clarifying the entrepreneurial orientation construct and linking it to performance[J]. Academy of Management Review,1996, 21(1):135-172.

[87] Lumpkin G T, Dess G G. Linking two dimensions of entrepreneurial orientation to firm performance: The moderating role of environment and industry life cycle[J]. Journal of Business Venturing,2001,16(5):429-451.

[88] Luthans F, Ibrayeva E S. Entrepreneurial self-efficacy in Central Asian transition economies: quantitative and qualitative analyses[J]. Journal of

International Business Studies,2006,37(1):92-110.

[89] Miller D. The correlates of entrepreneurship in three types of firms[J]. Management Science,1983,29(7):770-791.

[90] Moreno A M,Casillas J C. Entrepreneurial orientation and growth of SMEs: A causal model[J]. Entrepreneurship Theory and Practice,2008,32(3): 507-528.

[91] Narver J C,Slater S F,MacLachlan D L. Responsive and proactive market orientation and new-product success[J]. Journal of Product Innovation Management,2004,21(5):334-347.

[92] Rae D,Carswell M. Towards a conceptual understanding of entrepreneurial learning[J]. Journal of Small Business and Enterprise Development,2001,8 (2):150-158.

[93] Scherer R F,Adams J S,Carley S S,Wiebe F A. Role model performance effects on development of entrepreneurial career preference [J]. Entrepreneurship Theory and Practice,1989,13(3):53-72.

[94] Schwer R K,Yucelt U. A study of risk-taking propensities among small business entrepreneurs and managers: an empirical evaluation [J]. American Journal of Small Business,1984,8(3):31-40.

[95] Smith K G,Smith K A,Olian J D,et al. Top management team demography and process: The role of social integration and communication [J]. Administrative Science Quarterly,1994(11):412-438.

[96] Wilson F,Kickul J,Marlino D. Gender,entrepreneurial self - efficacy,and entrepreneurial career intentions: Implications for entrepreneurship education[J]. Entrepreneurship Theory and Practice,2007,31(3):387-406.

[97] Zahra S A,Jennings D F,Kuratko D F. The antecedents and consequences of firm-level entrepreneurship: The state of the field[J]. Entrepreneurship Theory and Practice,1999,24(2):45-65.

[98] Zampetakis L A, Beldekos P, Moustakis V S. "Day-to-day" entrepreneurship within organisations: The role of trait emotional intelligence and perceived organisational support[J]. European Management Journal, 2009, 27(3): 165-175.

[99] Zhao H, Seibert S E, Hills G E. The mediating role of self-efficacy in the development of entrepreneurial intentions [J]. Journal of Applied Psychology, 2005, 90(6): 12-65.

[100] Yusuf J. Putting entrepreneurship in it's rightful place: A typology for defining entrepreneurship across private, public and nonprofit sectors[J]. Academy of Entrepreneurship Journal, 2005, 11(2).

附录A 调查问卷

尊敬的先生/女士：

您好！非常感谢您参加本次问卷调查。这是一份旨在探讨创业者创业学习和创业绩效之间关系的研究。本研究的结果将有助于初创企业的理论研究，并为创业教育和初创企业辅导等提供实践指导。如果没有您的协助，此研究将无法顺利完成。烦请您花几分钟的时间仔细填写问卷，非常感谢！

本问卷纯属学术研究，内容不会涉及贵公司的商业机密，所获信息也不会用于任何商业目的，请您放心并尽可能客观填写。如果您对我们研究结果感兴趣，可以留下 E-mail，我们会将最后的研究结论反馈给您！您的 E-mail 是________________。

第一部分：背景信息

以下问题仅了解被访创业者及所创企业的基本信息，不会涉及个人隐私和企业秘密，请放心填写。请在问题后面的括号中写出答案的数字。

A. 个人背景信息

A1. 您的性别：(　　)

1. 男　　　　2. 女

A2. 您的年龄属于：(　　)

1. 25 岁及以下　　　　2. 26~30 岁

3. 31~35 岁　　4. 36~40 岁

5. 41~50 岁

A3. 您的学历属于：(　　)

1. 初中或以下　　2. 中专或高中

3. 大专或本科　　4. 硕士研究生及以上

A4. 您就读院校类别(　　)

1. 高职高专　　2. 普通二本院校

3. 一本院校

A5. 请问您的公司成立了多长时间：(　　)

1. 还在筹备期　　2. 不到 6 个月

3. 6~12 月　　4. 1~2 年

5. 2~3 年

A6. 在您创业之前您的家庭成员中是否有人经商或者创办企业：(　　)

1. 是　　2. 否

A7. 您认为您所学的专业知识与所从事的创业活动之间的关系是：(　　)

1. 几乎没有关系　　2. 关联较少

3. 还是可以学以致用　　4. 关联度较高

5. 紧密关联

第二部分：创业环境

以下题项是有关公司内外部环境因素的描述，请您根据所在公司的真实情形，从中选择与您公司情况最相符的，并在相应的数字上划“√”。“1”表示“非常同意”，“2”表示“比较同意”，“3”表示“无法确定”，“4”表示“比较不同意”，“5”表示“非常不同意”。

编号	题　　目	非常同意	比较同意	无法确定	比较不同意	非常不同意
N1	创业环境的动态性					
N11	您的团队必须经常改变营销活动以保住市场	1	2	3	4	5
N12	您的团队很难预测竞争对手的行动	1	2	3	4	5
N13	您的团队很难预测消费者的需要和嗜好	1	2	3	4	5
N14	您所在的地方政府经常出台新的行业法律法规	1	2	3	4	5
N15	您所在的行业中产品的淘汰率非常高	1	2	3	4	5
N16	您所在的行业中产品的技术更新很快	1	2	3	4	5
N2	创业环境的敌对性					
N21	您所在的行业企业失败率很高	1	2	3	4	5
N22	您所在的行业风险很大，一个错误的决策就能葬送公司	1	2	3	4	5
N23	您所在的行业竞争强度很大	1	2	3	4	5
N24	您所在的行业消费者忠诚度非常低	1	2	3	4	5
N25	您所在的行业价格战很严重	1	2	3	4	5
N26	您所在行业的利润率非常低	1	2	3	4	5

第三部分：创业导向

以下题项是有关公司创业导向因素的描述，请您根据所在公司的真实情形，从中选择与您公司情况最相符的，并在相应的数字上划“√”。“1”表示“非常同意”，“2”表示“比较同意”，“3”表示“无法确定”，“4”表示“比较不同意”，“5”表示“非常不同意”。

编号	题　　目	非常同意	比较同意	无法确定	比较不同意	非常不同意
X1	创业导向的创新性					
X11	总体上，您的团队更倾向于经营技术领先的创新性产品	1	2	3	4	5
X12	您的创业团队自成立以来推出了许多新产品或新服务	1	2	3	4	5
X13	您的创业团队推出的产品或服务较行业现有产品有大幅度创新	1	2	3	4	5
X2	创业导向的冒险性					
X21	您和核心创业人员偏好投资高风险、高回报的项目	1	2	3	4	5
X22	面对不确定性时，您认为创业团队应采取大胆积极的态度，最大可能地抓住机会	1	2	3	4	5
X23	由于经营环境的不确定性，您觉得企业更应该采取大胆行动来实现企业目标	1	2	3	4	5
X3	创业导向的先动性					
X31	同行竞争中，通常是我们团队先采取行动，之后竞争对手再跟进或回应	1	2	3	4	5
X32	您认为应该比同行更早推出(率先引用)新产品、新服务进入市场	1	2	3	4	5
X34	创业核心成员经常审视产业发展趋势，率先掌握机会，尽早做出快速反应	1	2	3	4	5

第四部分：创业学习

以下题项是有关公司创业学习因素的描述，请您根据所在公司的真实情形，从中选择与您公司情况最相符的，并在相应的数字上划“√”。“1”表示“非常同意”，“2”表示“比较同意”，“3”表示“无法确定”，“4”表示“比较不同意”，“5”表示“非常不同意”。

编号	题　　目	非常同意	比较同意	无法确定	比较不同意	非常不同意
M1	创业学习的认知学习					
M11	经常与行业中的专业人员进行交流，并虚心向他们学习	1	2	3	4	5
M12	非常关注同行业中的标杆企业的行为	1	2	3	4	5
M13	经常参与学校或孵化基地组织的创业培训或参加各类创业大赛	1	2	3	4	5
M14	经常阅读相关书籍和创业资讯以获取有价值的创业信息	1	2	3	4	5
M15	经常和有创业经验的亲友进行交流，进行讨论，并与他们交换知识和经验	1	2	3	4	5
M2	创业学习的经验学习					
M21	您在创业过程中注重积累各种经验，不断反思先前的失败行为	1	2	3	4	5
M22	您觉得打工兼职的经验（管理经验、创业经验等）对创业决策非常重要	1	2	3	4	5
M23	您觉得失败行为并不可怕，关键在于能从中吸取教训	1	2	3	4	5

续表

编号	题目	非常同意	比较同意	无法确定	比较不同意	非常不同意
M3	创业学习的实践学习					
M31	您在创业过程中持续搜集有关内、外部经营环境的信息及各项创业政策和信息	1	2	3	4	5
M32	您注重在打工兼职或在企业见习及实习过程中深化创业认识	1	2	3	4	5
M33	您认为创业实训和创业实践可以获得创业经验	1	2	3	4	5
M34	您经常通过持续的创业实践来反思或纠正已有的经验。	1	2	3	4	5

第五部分：企业绩效

以下题项是有关公司企业绩效因素的描述，请您根据所在公司的真实情形，从中选择与您公司情况最相符的，并在相应的数字上划“√”。“1”表示“非常同意”，“2”表示“比较同意”，“3”表示“无法确定”，“4”表示“比较不同意”，“5”表示“非常不同意”。

编号	题目	非常同意	比较同意	无法确定	比较不同意	非常不同意
Y1	财务绩效					
Y11	您的项目业务一直保持着很高的市场份额(市场占有率)	1	2	3	4	5
Y12	公司的利润率保持在很高的水平(净收益率)	1	2	3	4	5

续表

编号	题　　目	非常同意	比较同意	无法确定	比较不同意	非常不同意
Y13	公司的投资收益率在行业内保持领先地位(投资收益率)	1	2	3	4	5
Y2	成长绩效					
Y21	与竞争对手相比，您的创业团队人数增长较快	1	2	3	4	5
Y22	与竞争对手相比，您公司的销售额增长较快	1	2	3	4	5
Y23	与竞争对手相比，您公司市场份额的增长速度较快	1	2	3	4	5
Y24	您预计公司的规模将会继续扩大	1	2	3	4	5

问卷到此结束。最后，再次感谢您的热心参与和积极合作！

附录B 访谈协议

首先感谢您接受我的访谈。对您的访谈是关于创业导向、大学生创业学习与初创企业绩效的关系研究工作中的一部分，我们希望通过访谈了解像您这样的大学生在创业过程中如何认知创业学习及通过哪些途径去获取创业经验，通过什么方式去开展创业实践等。在访谈过程中，我会向您提出一些问题请您回答，整个访谈过程将被全程录音，访谈内容有可能用于学术研究项目中。在回答问题时，您不需要说出涉及的具体人名或机构名称。

访谈中涉及的相关内容包括：

1. 您的姓名、性别、学历、所学专业、创业经历、创业年限等一些基本的个人信息。

2. 了解您在创业过程中如何获取创业经验及如何进行创业实践的。

3. 访谈中希望您能通过具体事件来表达，并提出您的想法以及建议等。

我们对您的个人信息，以及访谈中涉及的具体人物或组织的信息予以保密。本协议一式两份。

如果您同意本协议中的有关说明并愿意接受访谈，请签名。

受访者(签名)　　　　　　　　主持者(签名)

时间：　　年　　月　　日　　时间：　　年　　月　　日

附录 C　大学生胜任力访谈纲要

说明：

为了了解大学生创业学习的情况，作者与 24 位大学生创业者进行了深度访谈，这些深度访谈所获得的数据和资料是本研究得以开展的基础。

因为采用深度访谈法，所以访谈提纲只是访谈时的基本指引，访谈时的提问方式和提问深度会根据访谈对象、访谈氛围、访谈进程和被访者的回答情况灵活掌握，力求挖掘和捕捉被访者谈话中任何有价值的信息和内容。

访谈要求：

1. 了解受访者个人基本信息，包括：姓名、性别、年龄、学历、专业、家庭情况、在校职务、创业年限等。

2. 被访者所创企业的基本情况（公司名称、创立时间、资本构成、股权情况、主营业务、所属行业、企业规模、企业发展情况等）。

3. 向受访者简要介绍访谈的目的和研究项目，并请受访者签订访谈协议。

4. 请受访者先花几分钟时间阅览访谈内容。

5. 准备好录音工具及纸笔，开始正式访谈及录音。

6. 请访谈者依次回答以上问题。（在访谈过程中，注意提示受访者：每一个问题最好能用具体的事件来说明，并说出自己的感受和对自己的影响。）

附录 D　开放式访谈内容

访谈内容：

1. 您怎么认知大学生创业？

2. 您认为大学生创业者如果进行创业学习？

3. 您是通过什么途径进行创业学习的？

4. 您是如何进行创业实践的，大学生创业者该怎样进行创业实践？

5. 您认为大学生创业者该如何获取创业经验，您的创业经验是如何获取的？

6. 请您描述一下企业的创业环境和竞争状况。

7. 回顾您的创业历程，您的主要收获是什么？

附录 E　访谈对象基本情况

序号	代号	组别	姓名	性别	学校	所在区域	专业	在校职务	是否为贫困户	创业年限（年）	访谈时间（小时）	访谈文本字数
1	F1	成功	陈××	男	梧州学院	桂东	软件工程（本）	班长、经管会企划部副部长	是	2	1. 1	11811
2	F2	成功	罗×	男	梧州学院	桂东	哲学（本）	班长、社团负责人	是	2	2. 05	20502
3	F3	成功	熊××	男	梧州学院	桂东	计算机科学和技术（本）	大学生创业协会会长	是	3	1. 1	14523
4	F4	失败	罗××	女	梧州学院	桂东	国际经济与贸易（本）	无	是	0. 6	0. 59	9415
5	F5	成功	廖××	女	梧州学院	桂东	英语经贸（本）	国际交流学院会长、班长、校党建宣传部部长	是	1	1. 32	14453
6	F6	成功	达×	男	百色学院	桂西	人文（本）	班长	是	5	1. 5	17478

续表

序号	代号	组别	姓名	性别	学校	所在区域	专业	在校职务	是否为贫困户	创业年限（年）	访谈时间（小时）	访谈文本字数
7	F7	成功	何××	男	百色学院	桂西	旅游管理（专）	班长	是	2	1.1	11448
8	F8	失败	黄××	男	百色学院	桂西	企业管理（专）	无	是	0.5	1.1	11719
9	F9	成功	侯××	男	百色学院	桂西	药学（本）	学生会副主席、党支部副书记	是	3	1.4	15999
10	F10	成功	黎××	男	百色学院	桂西	旅游管理（本）	创业协会会长	是	5	1.25	13902
11	F11	成功	李×	男	百色学院	桂西	环境与艺术设计（博）	艺术系团委组织部部长、院团委成员	否	6	1.24	12625
12	F12	成功	梁××	男	百色学院	桂西	工程造价（本）	学生会部长、班长	是	3	1.05	10532
13	F13	成功	庞××	男	百色学院	桂西	体育教育（本）	文体委	是	3	1.02	9641
14	F14	成功	潘××	男	百色学院	桂西	音乐表演（本）	副班长	是	4	1.23	15981
15	F15	失败	戴××	男	广西大学	桂中	法学（研）	无	否	1.5	1.34	12392

续表

序号	代号	组别	姓名	性别	学校	所在区域	专业	在校职务	是否为贫困户	创业年限（年）	访谈时间（小时）	访谈文本字数
16	F16	失败	李××	男	广西财经学院	桂中	工商管理（专）	无	否	0.3	1.54	10955
17	F17	失败	阮××	男	钦州学院	桂南	公共关系学（本）	副班长、院辩论队队长	否	0.4	0.54	9111
18	F18	成功	邵×	男	广西财经学院	桂中	市场营销（本）	学生会干事	否	2	0.57	9747
19	F19	成功	周××	女	广西民族大学	桂中	市场营销（本）	女生部部长	否	1	1.38	24714
20	F20	成功	彭××	男	广西民族大学	桂中	电子商务（研）	创业协会会长	是	3	0.56	10516
21	F21	成功	宋××	男	桂林理工大学	桂北	市场营销（研）	创业协会会长、学生会部长	否	3	1	10192
22	F22	成功	李××	男	桂林旅游专科学校	桂北	会展与旅游管理(专)	班长、旅游协会会长	否	3	1.02	10892
23	F23	成功	覃××	女	广西师范大学	桂北	餐饮管理与服务(本)	副班长	否	3	1.07	9275
24	F24	失败	张××	男	桂林电子科技大学	桂北	旅游管理（本）	班长、旅游协会会长	否	2	1.22	14923

附录 F　访谈材料范例

访谈材料一

访谈对象：达×①　　所在院校：百色学院

录音时长：1.5 小时　　组　　别：创业成功

性　　别：男　　专　　业：人文管理

创业年限：5 年　　家庭是否贫困：是

一、请你介绍一下个人基本信息和所创企业的情况

我今年 22 岁，现就读于百色学院人文管理专业 142 班，是大三学生。家庭成员共有 5 人，父母均为农民。我于 2015 年创立了百色市××电子商务有限公司，创业至今已有三年多的时间。当前，公司的资本结构主要由两位股东各出资 50 万元构成。公司主营业务是农产品销售，归属于农业行业。自公司成立以来，经过不断发展与探索，公司规模不断扩大，目前已拥有员工 12 名。

二、请你介绍一下创业过程中六件比较重要的事情，包括三件成功的事情和三件失败的事情

1. 创业过程中成功的第一件事情

在创业过程中，比较成功的第一件事情是公司主打产品圣女果销售业

① 书中对创业者姓名及公司名称均作了虚化处理。后同。

绩喜人。2015年10月，公司组建专门的销售团队，对圣女果进行推广。起因是圣女果在百色乃至全国都是比较稀缺的水果，特别是美娜这款新品非常稀缺，市场需求量较大。在做了充分的市场调研后，我对圣女果的销售进行了精心的策划，经过团队的努力，我们在很短时间内就销售了1000多件，对于新创建的公司来说，这无疑属于做得比较成功的一件事情。

推广过程中，印象最深的就是产品的包装问题。美娜属娇贵型水果，对包装要求高。第一次产品外包装我们尝试使用纸箱，共测试了15件产品，结果客户反馈15件产品中4件有不同程度的受损。经过分析我们发现，原因在于两个方面：一是纸箱不够结实，导致运输过程中出现破损，二是运输过程中圣女果水分的蒸发导致纸箱受潮变形。我们的第二次尝试是把包装好的圣女果直接放到泡沫箱里进行运输，结果客户反馈由于泡沫箱的温度太高，15件产品中有2件产品完全坏掉。为了让圣女果通风，我们又进行了第三次尝试，即在泡沫箱上打孔使空气流通，还在外包装上加一个纸箱以保护泡沫箱，测试结果是这15件产品几乎没有损坏。第四次测试是在前面三次包装基础上再进行一次测试，对这三种方法进行产品损坏率比较，最终得出第三种方法无论是在保鲜、通风还是在运输过程中效果都是最好的。

2. 创业过程中第二件比较成功的事情

创业过程中第二件比较成功的事情是获得了百色市青年创业大赛第二名。2014年6月，百色市举办百色市青年创业大赛。该比赛分为两个赛道，一是创业组，二是创业实战组。此次比赛也成为我们团队成立的一个契机。赛前，学校对该项赛事进行了广泛宣传，我和学长们都很关注这个比赛，有较为强烈的参赛意愿。然而虽然有了想法，却不知道如何组建一个团队。后来，在老师的指导下，我们搭建了基本完整的团队架构，并招聘了6位成员，根据成员特长把他们安排到合适的岗位。通过团队成员的不懈努力，最终我们在本次创业大赛中获得了银奖。通过此次事件，大家得出了一个重要结论：好的团队对公司的发展至关重要，团队成员必须齐心协力，共同把一件事情做好，每个团队成员都必须发挥各自特长，发挥多元力量，才能带领团队取得突破。

3. 创业过程中第三件成功的事情

创业过程中第三件成功的事情就是我们团队在2016年成功运营了一个自行车租赁项目。事件的起因是学校离市区较远，同学们出行不便，对自行车的需求量较大。而学校原有的自行车出租数量较少，车辆分散不说，且租车手续繁琐。我们团队看到了机遇，主动邀请学校自行车协会参与讨论，决定对现有的自行车租赁业务进行整合，实现资源共享。一开始，一些学生对将自行车出租给我们有许多顾虑，怕自行车损坏或被盗等。针对这些问题，我们一一给出解决方案。我们每天提前给车主支付租车费，如果自行车遭受损坏，由我们团队及租车人共同承担责任；如果自行车被盗，则由租车人承担责任。经过我们的努力，最终我们与70辆自行车车主成功签约，取得了较好的收益。

4. 创业过程中第一件失败的事情

创业过程中第一件失败的事情是2016年我和两位合伙人共同开办一家DIY休闲餐厅，结果运营失败了。项目启动之初，针对百色市大学生缺乏娱乐场所，以及消费过高问题，我们团队在前期调研基础上，决定创办一家低消费、可自己动手的休闲餐厅。确定创业目标之后，我们开始进行选址，租到了一个地理位置比较优越的店铺。由于第一次接触该行业，加之对装修不懂，结果选用的装修材料十分昂贵，远远超出了原来的预算，装修不到一半时手头资金就用完了。之后我们借了5万元钱，继续装修。吸取前期经验，为了节约成本，这次我们只进行了简单的装修。然而，装修之后还要买空调以及2间KTV的设备，资金又开始短缺，只得再次借了8万元钱。一切准备就绪，我们进行为期5天的试营业，为了吸引顾客，这几天消费均免费，花掉的物料费、水电费又是一大笔支出。在经营过程中，虽然我们推出了各种促销活动，但是效果并不理想，来消费的客人不多。同时，KTV设备一直被偷，为此我们只得继续借钱。债务越来越多，3个合伙人中一人心灰意冷选择退出。此外，由于团队成员都是学生，晚上值班难以安排，造成经营难以为继。3个月后，为了减少损失，我们只得将店铺低价转让。这次失败的原因总结起来就是：一是团队成员撤资，成员不够齐心；二是预算的错误和阅历不足，在装修上浪费了大量资金；三是我们不太熟悉娱乐行业。

5. 创业过程中第二件失败的事情

创业过程中第二件失败的事情就是组建了一个演艺策划公司，最后运营失败了。这个演艺策划公司主要针对百色市一些商场开业活动的策划或晚会舞台的搭建。经过前期的市场调研，我们发现此类配套服务在百色市非常缺乏，因此，我们团队决定成立集主持人、舞蹈队、演出队、礼仪队于一体，各项配套服务完善的演艺策划公司。首先，我们邀请了校园“十大歌手”中的优秀歌手、比赛中优秀的主持人、学校的礼仪队、舞蹈队等进行商谈，并达成初步意向。然而，在团队组建时出现一个意想不到的状况：原本谈好合作的主持人，临时选择加入了其他创业团队，由于该主持人主持过多场大型晚会，舞台经验丰富，他的离开直接导致舞蹈队也跟着走了。我们只得重新招聘主持人，然而要招聘到一位优秀主持人是非常困难的，这就为后面公司的活动策划失败埋下了伏笔。公司成立后，我们接到某商家的一笔业务，前期的策划活动都安排得较为合理，然而，活动正式举行时，主持人脸红心慌，吐字不清，台风不稳，更要命的是把嘉宾的名字报错，活动组织十分混乱。此外，舞蹈队队员基本功不扎实，演出效果不佳，一些舞蹈演员还迟到。商家对此次活动十分不满，只愿付一半的价钱。由于受第一次活动的影响，我们策划的第二次活动也宣告流产，公司也以失败而告终。

6. 创业过程中第三件比较失败的事情

创业过程中第三件比较失败的事情是2015年“百优大学生自行车店”项目运营的失败。当时我和学长合租了一个店铺，创办了“百优大学生自行车店”，向同学们销售自行车。因为销售经验不足，销售渠道没打通，加之铺面的地理位置较偏，最终导致项目失败。总结来说，原因有以下几个方面：一是选址失败，车辆质量差，宣传效果差。当时摩托车禁止在校园内通行，因此自行车的需求量较大，我们盲目乐观，一次性采购了100

辆自行车，但由于远距离运输导致运费非常昂贵，自行车价格降不下来。此外，自行车质量较差，骑行体验不好，严重影响口碑。二是宣传及推广不力，导致销售不佳。第一个月我们只卖出了 20 辆自行车，第二个月仅卖出 3 辆，再加上需要支付铺面的租金、兼职学生的工资，这个销量根本无法维持店面的运营，为了提高营业额，我们进行了低价促销活动，按照进货价销售，但销量依然不容乐观。对于这次创业失败的原因，我们认为主要是没有进行详细的市场调研，不了解这个行业，加之盲目乐观，对风险预估不足。

三、作为一名创业大学生应该具备哪些能力

大学生创业应具备三方面的能力：一是管理能力，要增强团队的凝聚力，成员分工明确，各司其责；二是财务管理能力，要准确核算成本以及利润；三是交际能力，需练就过硬的口才，学会整合各种人脉资源，抓住各种潜在的销售机会。

访谈材料二

访谈对象：李×　　组　　别：创业成功

性　　别：男　　专　　业：环境与艺术设计

所在院校：百色学院　　创业年限：6 年

录音时长：1.24 小时　　家庭是否贫困：否

一、请你介绍一下个人基本信息和所创企业的情况

我今年 24 岁，现就读于百色学院环境与艺术设计专业。我是独生子女，江西省九江市人。在校期间曾担任过艺术系团委组织部部长、百色学院院团委办公室秘书等职务。目前，我已经创业 6 年了。首次创业为 2014 年 10 月，我创立了百色学院校园快递营业部，经营范围主要是在百色学院澄碧新校区开展校内快递揽收与投递业务。创业之初，我作了前期调研，了解到在校大学生网络购物的需求量非常大，认为快递服务在学校有一定的市场，为此，我建立了校园快递物流平台，旨在帮助学生和老师解决快递取件和寄件问题。虽然现在全国快递物流业发展迅速，但在百色地区快递公司并不多，并且每家公司的服务质量差别较大。快递到达百色市后会通过不同的物流送达学校，而学校的老校区位于百色市内，新校区则位于澄碧校区，两个校区之间有很远的一段距离，学生和老师如果到老校区取件和寄件就显得费时费力，因此，我们的主要业务是把所有快递公司的包裹集中起来，承担学校揽收这个业务。因为学生无论是在哪家网店购物，也无论店家通过什么快递公司发货过来，学生只要找到我们的校园快递，就能够领取到他在网上购买的物品。与此同时，我们又利用自身的平台优势，结合百色市特产产品(芒果)打造了一个新的物流平台，从事农产品销售业务。经过团队的努力，2017 年 7 月，我们的农产品销售额增长了三倍，能取得这么好的业绩是非常难得的。未来，我们团队会做得更好。

二、介绍创业过程中六件比较重要的事情，包括三件成功的事情和三件失败的事情

1. 创业过程中成功的第一件事情

创业过程中成功的第一件事情是开展了校园网络购物代取业务。通过调研，我们看到当前校园内网络购物代取业务有较大的市场需求，于是产生了开展该项业务的想法，即利用我们的业余时间，帮助有业务需求的同学代取包裹，从中赚取一定的跑腿费用。此举受到许多同学的拥护，因为学校距离市区较远，坐公交出去来回得花两元到四元，如今有我们这些代跑腿的承运方，他们觉得是个非常不错的服务项目。当时我们是以一件两元的费用收取跑腿费，由于价格低，同学们非常乐意支付这笔费用。该项业务之所以能够成功，我认为主要是敏锐地抓住了市场商机，意识到快递包裹代取业务既是老师和同学们的一种需求，也是一项便民行为，解决了他们收件和寄件困难的问题。

2. 创业过程中成功的第二件事情

创业过程中成功的第二件事情是成功入驻百色学院的创业孵化园。2014 年，我所就读的百色学院澄碧校区扩建，新校区成为学院的“总部”，大量学生需要从老校区搬迁到新校区，新校区学生人数由原来的 600 多人一下子增加到4500人。学生人数的大量剧增，带动了学校快递业务的高速发展。

当时，学校出台了一个非常好的政策，就是鼓励大学生创新创业，并建立了一个创业孵化园基地，为大学生创新创业提供各项支持。得到这个利好消息后，我们团队马上撰写了创业计划书，详细介绍了团队的创业经历，所取得的具体成就，以及对未来业务的设想。创业计划书提交到学校创新创业学院之后，得到了学校相关主管领导的高度认可，并对我们这个项目给予大力支持，在创业孵化园五栋给予我们一个单独的店铺，大大改善了公司的经营环境。由于项目启动得早，团队在业务开展方面就占得了先机。一开始因为学生少，每天我骑电动车出去帮学生把快递取回来，也就三四十件包裹，只需一辆电动车。2014年学校一扩建，学生人数剧增，包裹数量成倍增加。于是，我用积攒的资本，购买了第一台属于我们校园快递的三轮车，极大地改善了我们的运营条件。此外，由于业务量剧增，需要增加新成员，最终我们打造了一支七人的精英团队，配送的车辆也从一辆三轮车，发展到每半年增加一辆，到现在已经增加到第七辆了，并且还增加一辆面包车来进行大件运输。此次创业成功，我认为有以下几方面原因：一是善于抓住机遇。由于我们本身就是大学生，对大学生的需求非常熟悉，善于从师生的角度去思考问题，所提供的服务能切实为他们提供便利，因此更容易获得师生的认可。二是善于分析学生的需求，提供了满足学生需求的优质服务。三是不断提升服务水平，推出的细化服务深受学生欢迎。在创业过程中，我最大的感动就是拥有舍友、师兄、师弟及学校的支持。我认为在创业过程中，没有一群这些集思广益的师弟、舍友来与你一起并肩作战，靠个人单打独斗是无法将项目做大的。

3. 创业过程中成功的第三件事情

创业过程中成功的第三件事情就是打造了一支凝聚力非常强的创业团队。创业初期，我们采用的是比较原始的创业方式，通俗讲即有钱出钱，有力出力。公司发展到2016年后，业务模式和规模都发生了极大的变化，创业目标和方向也逐步从迷茫走向清晰，对团队成员的要求及规划也越来越清晰明确。我们在人员选取方面稳扎稳打，通过优胜劣汰，最终营建了一支分工合理、业务娴熟的团队。

4. 创业过程中失败的第一件事情

创业过程中失败的第一件事情是被别的学生快递团队挖走了部分合作的快递公司，造成市场份额流失。我们做校园快递起步较早，在此期间也有其他的学生有这方面的创业想法，但是他们不想与我们进行合作，而是想成立属于自己的业务团队，然后与我们共同竞争市场份额。2015 年初，由于我们的疏忽，与部分快递公司未建立合作联盟，结果一小部分快递公司就被别的学生快递团队挖走了。事后反思，我认为此事的主因是团队的疏忽，合同到期了未及时与快递公司签约，导致部分资源被分流，我们败就败在这些小细节上。

5. 创业过程中失败的第二件事情

创业过程中失败的第二件事情，是由于天气原因，差点造成了不可挽回的经济损失。事情发生在去年双十一期间，由于我们在学校没有场地，使得我们无法到校园进行集中投递。基于此，我们在校门口搭建了一个七百多平方米的场地，场地是露天的，所有送达的快递都需要摆在平地上，整理好后再进行投递。由于当时是双十一，货量剧增，我们从早上六时起不停地把外面的货物运回来，但是由于大部分成员都在负责货物运输，只有两名成员负责发短信通知学生来取快递，货物因为无法及时通知学生前来领取而大量积压。当天下午突降大雨，一些学生不愿冒雨过来领取，雨越下越大，货物积压越来越多。我非常焦虑，因为当天的包裹有 2000 多件，包裹的物品价值最低都有 30 万，货物一旦被雨淋湿，后果不堪设想。我只能不停地将包裹往货架上搬以防被雨水淋湿。在团队成员的努力下，最终 2000 多件包裹只有几件被淋湿，赔偿数额不大。事后回想，当天包裹的金额高达 30 万，这样的经济损失我们团队是难以承担的，幸好在团队成员的共同努力下，这个问题得到了较为妥善的解决。这件事也让我充分意识到创业需要有很强的心理抗压能力，而且要有一个好的创业团队。

6. 创业过程中失败的第三件事情

创业过程中第三件失败的事是战略合作的失败。当前我们所经营的项目是依托学校资源开展的一个创业项目，项目含金量不太高，并且由于我们的团队都是在校大学生，缺乏社会关系、资金以及资源整合能力，项目只能在小范围内小打小闹，没有在学校层面形成影响力，因此，也就没有引起学校主要领导的重视，所获得的支持也就不多，在业务的发展方面非常受限。例如：南宁有一家物流公司，和学校签订了战略合作，学校给予场地支持。按理说我们是从学校发展起来的快递公司，在加盟合作方面具有天然的优势，但是学校的领导没有发现或者是觉得我们创业起点不高，又或者我们的资质没有达到相应的要求，最终学校选择与南宁的菜鸟驿站进行合作，这是令人非常遗憾的一件事。这次受挫让我们意识到，大学生初创企业短期内肯定无法与一家大企业相抗衡，但是只要我们坚持下去，未来一切皆有可能。

三、作为一个成功的创业者，你认为创业者应该具备哪些基本能力

我觉得需要具备的能力应包括以下几方面：一是勤劳，要有吃苦耐劳的精神。然而勤劳并不仅指体力上的勤奋，外面许多搬运工、果农，他们都很勤劳，我所指的勤劳主要指带有智慧的勤劳，要善于运用智慧去分析市场需求，既要埋头拉车，更要抬头看路。二是遇到对的人，和对的人去做对的事。创业过程中需要有一群志同道合的小伙伴共同努力，各自发挥所长，并最终拧成一股绳，才能在创业之路上有所成就。三是贵在坚持，我们这个创业项目，从非常弱小发展到现在的粗具规模，靠的就是坚持。从原来一天数件包裹到现在一天2000件包裹，这些从无到有的过程，是不断坚持拼搏创新的过程。六年的经营过程中，我们既遇到来自校内创业团队的竞争，也遇到社会企业的打压，但是我们最终战胜了各种困难，坚持了下来。四是要具有良好的抗压能力。在创业过程中会遇到来自各方面的压力和挑战，在遇到困难和问题的时候，要从乐观的角度去分析，不断给自己积极的心理暗示，确保自己每天都保持良好的精神状态。当然，如果遇到非常棘手的事情，要善于向老师和前辈们请教。

访谈材料三

访谈对象：黎××	组　　别：创业成功
性　　别：男	专　　业：旅游管理
所在院校：百色学院	创业年限：5年
录音时长：1.25小时	家庭是否贫困：是

一、请你介绍一下个人基本信息和所创企业的情况

我今年24岁，就读于百色学院旅游与酒店管理专业。我家在农村，父母均务农，家里除了我之外还有父亲和一个哥哥。大学期间我曾担任过学校创业协会会长以及工商管理学院的学生会干部等职。

目前我已经创业三年了，下面介绍一下企业的基本情况。2015年5月，我创立了百色市××文化有限公司，资本的构成是由两个股东共同出资，我作为第一大股东，占股51%，另一个股东占股49%。公司主营业务是广告设计与制作安装等，所属的行业是文化类行业。从企业规模来说，我们现在还属于一家微型企业。目前公司员工共6人，内设广告部和墙绘部两个部门，订单业务来源主要是私营企业以及各大院校。

二、介绍一下创业过程中三件成功的事情和三件失败的事情

1. 创业过程中成功的第一件事情

创业过程中成功的第一件事情是在创业过程中有幸遇到了一个好的合伙人。这也是我在创业这两年多时间里感触最深的一件事情。公司最初创建时只有我一个人，两个月后，我偶然碰到了我的另一位合伙人。其实我与这位合伙人大一时就认识了，他那时开了一家电子产品经营店，平时我常与他谈论宽带安装业务，和他接触比较频繁。等我读到大三的时候，合伙人原来开的店面因多方原因无法继续经营下去，机缘巧合之下，我便盛情邀请他加盟我的公司。创业初期，我们以极大的热情投入到公司的组建和业务的开发当中，并通过不断磨合，我们俩经营理念和价值观等趋于统一，这为后期公司的发展壮大奠定了良好的基础。因此，创业过程中，能遇到一个优秀的合伙人，我认为是成功的第一件事。

2. 创业过程中成功的第二件事情

创业过程中成功的第二件事情就是遇到了一位好的创业导师，即有幸遇到了何总。何总从北京来百色市旅游，旅游过程中，他发现我们这边有许多商机，于是，他到学校考察时召集学校所有社团负责人开会，让我们帮他销售校园电话卡。在业务培训过程中，何总还向我们传授了他在北京开展业务的经验和做法，使我受益匪浅。从那以后，我与何总建立了良好的信任关系。在跑业务的过程中，他带我见识了不同的客户，大大增长了我的见识，开拓了我的视野，后期在业务拓展方面如果遇到什么问题我都会向他请教。此外，何总还给我们提供了不少业务资源和人脉关系，让我非常感动。所以说遇到一位好导师非常重要，这是创业过程中的一种幸运。

3. 创业过程中成功的第三件事情

创业过程中成功的第三件事情就是经过我们的努力，公司积攒了好口碑。创业过程中给我很大的体会就是做事要朝着同一个方向不断努力，攻坚克难，不能三心二意。要把项目做大，首先要专注于自身业务的发展，多做一些和自己经营方向有关联性的东西，不要做那种跳跃性很大的事情，同时还要结合身边的资源，利用好各种人脉关系。在面对客户时，无论是大客户还是小客户，都要认真对待，高质量完成任务。因为很多客户是潜在客户，你的口碑好了，客户自然会主动找上门来。正是由于我们长期专注于自身的业务发展，强化各项服务，我们在业界得到了客户的认可，口碑良好。

4. 创业过程中失败的第一件事情

创业过程中失败的第一件事情是公司回款出现问题，差点导致资金链断裂。创业初期，由于对公司保持良好现金流的重要性缺乏认知，导致客户压款严重，回收困难，当我们准备拓展新业务时，手头已没有多余现金。为缓解巨大的资金压力，我们管理层不得不外出催款。后来我们团队对此事进行了深刻反思，对现金流强化管理，依现金流情况决定新项目开发进度，终于使公司走上了正轨。

5. 创业过程中失败的第二件事情

创业过程中失败的第二件事情是人才的招聘始终无法令人满意。公司要发展壮大，离不开人才。如果一个公司缺少人才，自然无法设计出让客户满意的产品。客户对你的产品和服务不满意，自然不会再与你合作，这样就会产生恶性循环，导致客户不断流失，严重影响公司的经营发展。所以，人才对我们来说是至关重要的。我们不仅要按照客户的要求做到最好，还要不断创新，引领客户需求，只有这样，公司的业务才能发展得越来越好。但人才难觅，更难留，这成为我们心中永远的痛。

6. 创业过程中失败的第三件事情

创业过程中失败的第三件事情是没有很好地管理好一个团队。去年，由于业务的迅速发展，我们招聘了很多新员工。新员工到公司之后，由于我过分在意结果，对过程缺乏监督和控制，导致新员工因为业务不熟屡屡遭客户投诉。发生此类事件之后，我没有主动从自己身上找原因，而是将火发到新员工身上，时间久了之后，员工的心理就积攒了很多的怨气，工作热情度不断降低，有些新员工因为承受不住压力辞职走人，员工队伍出现军心不稳的状况，公司业绩也持续下滑。这个时候我意识到问题的严重性，对自己的行为进行了反思，认为自己管理存在不当之处，只看结果，不管过程，对员工缺乏基本的业务培训。为此，我深刻意识到，团队管理当中，管理者发脾气是最没有用的，只会导致公司的管理水平越来越差。如何管理好一个团队是一门学问，在这条路上我还需要不断提升自己的管理水平。

三、你觉得作为一个成功的大学生创业者，需要具备哪些能力和素质

一是为人处世的能力，这是最基本的，也是最重要的，它会使你的创业之路走得更长远。因为公司运营过程中总会涉及他人的利益关系，这个时候就要看个人的人品以及为人处世能力了，这是一门必修课。

二是要有一个强大的信念。如果你的信念不够强大，那么在今后遭遇挫折时，内心无法坚持，会很容易选择放弃。创业之事必须是你最想做的事，并且对其风险有足够的认识，这样的创业才比较容易成功。

三是学习能力。隔行如隔山，创业者必须要有很强的专业知识，老板的眼界要高，要有先见之明，这样才能使公司上升到一个比较高的高度。无论何时，老板的学习能力对一个企业来说都是至关重要的。

四是对市场的敏锐度要高。创业者要善于通过现象发现事物的本质，找准事物的价值点。此外，还要善于发现和公司相关的关联性产品，学会打组合拳。

五是要有一定的专注力。认定一个方向，就要专注，特别是创业初期，资金技术和人才都非常缺乏，没有定力，就容易选择逃避。此外，业务范围跨度不要太大，等公司稳定了，再慢慢扩大自己的业务范围。

六是沟通能力。作为一个企业的领导者，要多锻炼自己的口才，交流时尽量简洁明了，避免啰嗦，要学会如何在短时间内快速推销产品，与客户达成合作意向。

访谈材料四

访谈对象：廖××　　　　组　　别：创业成功

性　　别：女　　　　　专　　业：英语专业

所在院校：梧州学院　　创业年限：1 年

录音时长：1.32 小时　　家庭是否贫困：是

一、请你介绍一下个人基本信息和所创企业的情况

我今年 24 岁，现就读于梧州学院英语专业。我家共五口人，在农村居住，属于精准扶贫的对象。目前，我父母都在家务农，父亲是二级残废，奶奶已经 80 多岁了，家里的劳动力只有妈妈一人。由于家庭经济困难，因此创业对我来说显得非常重要。

在校期间，我曾担任过班长、青年志愿者协会会长、校党建宣传部部长以及创业新思维团队队长等职。2017 年 5 月，我创办了×××创新思维策划咨询有限公司，所属的行业是教育服务类。公司的主营业务是心理健康咨询、教育咨询以及营销策划、广告策划等，目前共有三位股东，其中两位是老师，股份占比情况是两位老师分别占 76%、19%。公司成员共有 5 人，我担任总经理一职，公司的日常业务由我带队完成，比较重要的业务则由老师牵头去谈。公司创立仅一年多，还处于起步阶段。

二、请您谈一下创业过程中比较重要的事情，包括成功的事情和失败的事情

1. 创业过程中第一件成功的事情

创业过程中成功的第一件事情是挣到了人生的第一桶金，帮助家里盖了房子。我家经济困难，属村里的扶贫户，但由于某种原因，需要搬到县城生活，对于农村人来说，要在县城买房不是一件容易的事。父母到处筹钱，但许多人担心我们还不起，不愿意借给我们，父母为此非常焦虑。我很想贡献自己的一份力量，但是又深深感到无能为力。这时机会出现了，在上创业课的时候，老师说有个创业团队正在招聘成员，有志于加入创业团队的同学可以和他联系。听到这个消息后，我内心非常激动。因为，参加老师的创业团队，一方面可以锻炼自身的能力，为今后独立创业积累基础，另一方面可以获得一定的经济收入，缓解家庭的经济困境。于是在老师的推荐之下，我加入了这个创业团队。由于团队刚成立不久，各项业务还在摸索之中，一些成员受不住寂寞选择了退出，但我没有一丝动摇，坚定地认为目前的困难是暂时的，只要努力就一定能改变当前的困境。后来，在我们的努力下，公司开始陆陆续续接到一些订单，个人也获得了不错的经济回报。我把钱寄给父母，大大缓解了家庭的经济困境。

2. 创业过程中第二件成功的事情

创业过程中第二件成功的事情就是我们设计的方案获得了高度认可，并被一家大公司收购了。我们这个创业团队的组建经历了不断磨合的过程。团队创立之初，大家缺乏经验，很多东西都不懂，只能通过实践去一步步摸索，并在摸索当中不断总结经验。在此期间，我们得到了一个令人兴奋的消息：学校拟举办一个关于创新创业方面的大赛，如果参赛团队获得第一名的话就可以得到一个免租金的实体店面。我们觉得这个条件很诱人，团队成员也都跃跃欲试，虽然我们知道竞争肯定非常激烈，但我们还是鼓起勇气报名参赛了。

为了让参赛作品更具竞争力，我们在前期做了各种市场调研，在调研过程中我们设计了一个关于六堡茶的设计方案。这个方案我们是模仿拳王比赛的模式来设计的，方案提出的口号是“品茶赢套房”，如果你最终赢得茶王称号，那么公司将奖励你一套房。这个设计方案具有很大的吸引力，因为梧州人都喜欢喝茶，欲从这么多种茶中品出哪个是六堡茶，难度不小，而且得长期喝，并且只能去我们指定的店里购买。方案设计出来后，我们不断加以完善，还邀请指导老师提出修改意见。不久有家大公司看上了我们的设计方案，愿意花5000元钱来购买我们的方案，学生做的方案被企业购买这在我校尚属首次，引起了不小的轰动，学校为此还专门为我们举行了一个方案购买签约仪式。这是我们在创业过程中做得比较成功的一件事情，这里面既有我们努力奋斗的汗水，也离不开老师的悉心指导。

3. 创业过程中第三件成功的事情

创业过程中第三件成功的事情就是公司经营稳健，获得了较好的营业利润。毕业之后，我们班大部分同学都选择了就业，而我选择的是就业和创业兼顾这条路。之所以选择这样的道路，与我所在企业的老板有一定的关系。老板采用的是人性化的管理方式，员工上班时间较灵活，平时基本不用加班。因此，相对来说，个人的时间还是比较宽裕的，为此，业余时间我就琢磨自己创业的事情。老板知道我的想法后，非常支持我，还给了我很多帮助和鼓励。在大家的帮助下，我创办的小微企业逐步走上了正轨，虽然目前规模还比较小，但是经营比较稳健，还小有盈余，这对于刚出校门的我来说无疑是一件非常欣慰的事情了。一次偶然的机会，我和老板聊天，问他为何在那么多面试者中选择了我，而且还给了我那么多的机会和照顾。老板笑着说，因为从你身上看到了一种目标和动力，看到了您渴望成功的强烈愿望。作为企业老板，我们都喜欢那种目标明确、有赚钱激情和动力的员工。企业是以盈利为目的的，如果你对赚钱没有强烈欲望的话，那我就觉得你没有办法给公司带来可观的利润。此外，我觉得你口才比较好，善于沟通，适合干销售。

4. 创业过程中失败的第一件事情

创业过程中失败的第一件事情是因为投身于创业，导致和舍友们产生了隔阂。我组建团队时就没有得到舍友的认可，后来团队成立并取得一定的成绩之后，我和舍友之间的隔阂越来越深，她们认为我没有带领她们一起往前走，无情抛弃了她们。其实，刚组建团队时，我就盛情相邀舍友们加入我的创业团队。然而，她们都兴趣不大，而且想法比较消极，认为我并不是经管学院的学生，没有学过企业管理知识，怎么能参加创业比赛呢，让我不要瞎折腾，利用这一年多的时间，多去考级考证或者做家教挣钱。无奈之下，我只得找其他同学组建团队。此后，我一直忙于创业的事情，几乎和舍友没有交流时间，隔阂进一步加大，感觉自己在宿舍人际关系处理上很失败。后来我带领学弟学妹们一起参加创业大赛，获得了三等奖，并且我们参赛的方案还被企业成功收购，成绩面前，舍友渐渐理解了我，我也开诚布公地与她们进行了交流，关系慢慢缓和过来了。如今，她们对我的创业表示理解，开始支持我创业，大家的友谊在经过摩擦之后反而更加牢固了。

5. 创业过程中失败的第二件事情

创业过程中失败的第二件事情就是团队在村里组织的宣传活动以失败而告终。我所在的村比较落后，交通不发达，信息闭塞，村里的年轻人都外出打工了，留在村里的都是一些老人。看到这种情况，我很想为村里老人做点什么，让他们有机会可以了解一下外面世界的精彩，于是决定为村里这些老人们举办一场文艺晚会，顺便给企业做下宣传。在我们的努力下，晚会终于成功举办了，为了增添乐趣，我们还增加了抽奖环节，购买了许多奖品。晚会很热闹，老人都来参加了，结局却不好。由于在晚会中插入了公司的广告，以及对参会的老人人数预测不准确，导致奖品不够发，现场也较为混乱，村里许多老人对我们产生了想法，认为我们主要目的是为了宣传公司产品，而产品又贵又不实用。我原本是怀着好心想为老人带去欢乐，没想到竟弄巧成拙，这是我在创业过程中比较失败的一件事情。

三、那你觉得大学生在创业过程中应具备哪些因素才有可能创业成功

我认为要做一个创业成功的大学生应具备以下几方面因素：一是要相信自己，只有相信自己，才有更多的自信和动力去创业，成就自己。二是一定要有一定的文化知识水平，学业这块你不能荒废，没有文化对于创业者来说是很可怕的一件事。三是一定要有恒心，做任何事情都不会一蹴而就，肯定会受到别人的各种质疑，也会有很多问题和困惑，所以一定要有耐心和恒心，相信你可以去解决。你还要有好的心态，凡事要从两面看，多看长处和有利方面，这样你就有勇气走下去了。四是一定要好好积攒自己的人脉，当然前提是你得有实力，有了实力之后别人才会相信你，才会愿意跟你做朋友。

访谈材料五

访谈对象：张××	组　　别：创业失败
性　　别：男	专　　业：旅游管理
所在院校：桂林电子科技大学	创业年限：2 年
录音时长：1.22 小时	家庭是否贫困：否

一、请你介绍一下个人基本信息和所创企业的情况

我今年 25 岁，本科就读于桂林电子科技大学旅游管理专业。大学期间，我曾担任过班长、旅游协会会长等职。目前，我已创业两年多了，合伙创办了一家××蛋糕店，采取的是合伙经营的方式，共有两位合伙人，股权各占 50%。创业初期，我们的主要业务是做甜点和蛋糕，根据市场需求情况，之后打算往私人订制方向转型。

二、介绍创业过程中六件比较重要的事情，包括三件成功事情和三件失败事情

1. 创业过程中成功的第一件事情

创业过程中成功的第一件事情就是顺利拿下了第一个大订单。我是毕业工作了一段时间，在资金和社会经验都有了一定积累后，才开始选择创业的。由于选择的是食品这个行业，和我之前的专业背景相差甚远，在技术上没有任何经验，只能靠聘请业内技术人员来解决。技术人员来了之后，接下来的关键是如何打开市场，获得第一个大订单。团队当中我们三个人都是从汽车行业出来的，对汽车行业比较了解，也积累了一定的人脉关系，因此我们决定从车行开始。刚开始，我们选择的是所在区域的一家马自达汽车销售点，我们把制作的小甜点带过去给他们品尝，说明了我们的来意。车行经理与我们聊得比较愉快，因为车行规模较小，对甜点需求量不大，以往他们是直接从网上下单购买，糕点品质不是很好。我把我店优势以及可以提供的服务和他进行了交流，车行经理认可我们的做法，但认为我们是一家新店，怕我们在经营的稳定性和产品质量方面无法保证。我看出了他的顾虑，说暂时可不用签合同，两天后就是周末，车行要举办销售活动，我们可免费提供甜点，如果客户认可我们的产品，我们再谈合作问题。为了这一单能一炮打响，我们进行了精心的准备，不管是原材料的挑选还是款式的制作都格外用心。活动当天，我们的甜点获得了客人的高度认可，车行经理也非常认同我们的服务，接下来的合作就顺理成章了，我们终于成功拿下了第一个大订单。

2. 创业过程中成功的第二件事情

创业过程中成功的第二件事情是通过我们的努力，成功开辟了新的业务合作伙伴。基于前期与马自达车行的合作经验，我们又把附近宝马销售点(我曾经在该公司工作过)锁定为下一个要开发的大客户。市场开拓可谓一波三折。按照常理，我是从这家公司出去的，工作期间不管是与经理还是与同事都建立了不错的关系，在合作方面应该顺理成章。但事情远没有我想象的这么简单和顺利。车行经理听了合作一事后表示很为难，原来公司有规定：不允许与从公司离职的员工发生任何业务关系。不过车行经理很讲义气，他说合作可以，你们三个合伙人不出现在车行就行。我们私下达成了协议，跟这家宝马销售点建立了合作关系。但好事多磨，正式供货当天，虽然我们没到现场，但世上没有不透风的墙，车行的其他同事暗中早已知道了此事，一些人偷偷告诉了车行老板。老板闻讯大怒，将经理狠狠训了一顿，要求马上停止合作，哪怕是找广告公司供货，价格贵三分之一也无所谓。由于老板从中阻挠，业务合作遭到停止，但我们并没有想过放弃，因为这家销售点一个月至少有四场活动，每一场都有 1500 元到 3000 元的蛋糕甜品费用，对我们来说无疑是一笔大业务。我们想过很多对策，比如换个店名，或者找另外一家蛋糕店帮我们接单，我们给他加工费。但如果这样的话，我们只是把钱赚到了，并没有达到我们想要的最终结果。最终一个偶然的机会，我们跟为宝马公司服务的广告公司接上了，经过艰苦谈判，最终我们达成协议：业务由它接手，货由我们提供，每提供一次货，广告公司从营业额中抽成 20%。这次与广告公司联手合作，尽管我们赚取的是微利，但好在业务稳定，业务量较大。这次业务拓展经历，我觉得做得比较好的一点就是不抛弃，不放弃，遇到困难，没有逃避，而是不断想办法去战胜困难，最终达成了我们的目标。

3. 创业过程中成功的第三件事情

创业过程中成功的第三件事情就是团队接爱了我的提议，确立了服务营销的发展思路。蛋糕店成立后，虽然我们也接到一些业务，但是品牌美誉度不够，竞争力不强，如何形成自己的特色，我想从服务这块入手，以提高蛋糕店竞争力。但另两位合伙人不认可我的提议，他们认为首先应该提高蛋糕店知名度，通过广告扩大宣传，并提出开展微信营销。我认为当前开展微信营销时机不成熟，将服务营销理由一一告诉了他们。我说，我们三个都是从宝马公司出来的，你们也知道，如果说高端车品牌与中端车品牌有差别，最主要的还是体现在服务这块，也就是细节的差距。我们也可效仿宝马公司，在服务上形成特色，比如客户订购了我们的蛋糕，我们是否也可打电话过去了解客户食用情况，这样有助于我们与客户建立联系，改进产品质量和服务，对品牌也能起到良好的口碑宣传效应。我们可以一边做服务，一边发展微信对象，当积累了一定量后，再做微信营销就事半功倍。在我的努力下，两位合作伙伴最终同意了我的服务营销提议。这件事给我的启示就是，人与人之间沟通真的很重要，你要去反对人家的东西，就一定要让他清楚你的东西好处在哪，可行性有多大，成功机会有多高，这样人家才会心甘情愿跟着你的步子走。

4. 创业过程中失败的第一件事情

创业过程中失败的第一件事情就是团队组建时出现了较大的失误。创业之初，我的设想是主抓店面营销，然后兼做外包、婚庆这块。一开始我想两人合股经营，结果变成三人合股。合伙人又拉一位女性朋友进来，说那位女性朋友已在业内做了四五年，有一定的经验，业务这块比我们懂。由于刚创业，人手也不够，我就没有坚持原则，让她也一起加入到这个团队中来。选店面时，我想找临街店面，租金贵点也没关系，但女孩选的是那种门面空地多、好停车的小区门面，其目的是方便日后她做培训教育业务。最后选的是某小区一个门面，有 100 多平方米，铺面租金每月高达 3500 元。尽管我不同意此店面，但无奈另两个合伙人已被女孩成功洗脑，都劝我同意选此店面，我骑虎难下，无奈同意。由于店面选址过大，装修费也水涨船高，一时资金捉襟见肘。店面装修完毕，此时我又发现，之前女孩说她在业内工作了四五年，还在香港学习过，我们相信了她的一面之词，等店面装修好，她正式去做各式糕点时，我们才知道她手艺一般，做出来的东西非常普通。她还表示这个店以走高端线路为主。我不同意她的发展思路，双方争执不下，大半个月糕点一直没有推出来，弄得我们很不开心。无奈之下，我召集合伙人开会，决定将其剔除出去，否则，我宁愿退出公司。费了好大的劲，给了她补偿后，她才最终退出，我们又得再花钱请专职蛋糕师傅，弄得心力交瘁。因此，创业之初，关键成员一定要靠谱，团队应统一思想，劲往一处使，如果团队缺乏凝聚力，就很难取得好的业绩。

5. 创业过程中失败的第二件事情

创业过程中失败的第二件事情就是合伙人中途退出。按理说，我们的业务已经基本定型了，每月与车行、婚庆各单位合作，营业额超过 2.5 万元，除去员工的开支、店面的运营，每月应该有盈余。但市场上普遍存在结款难现象，而原材料购买需要现钱，加之房租要支付，员工工资也不能停发，这就导致现金不足问题越来越严重。当初组建团队时，按理我们三人应该把钱全部掏出来，然后根据公司需要集中支付，但实际执行时却是各管一块，比如装修这块的费用，前期投入都是我一个人支付，而买设备的钱，是从另一个合伙人那里出，还有一个合伙人平时偶尔垫钱买一些原材料。由于各人出钱不均，我们便有了争执乃至争吵，吵到最后，这位合伙人提出撤资，搞得我们非常被动，因为他的钱根本就没有投进来，而我们两人基本都投完了，此时公司流动资金已经花光，迫切需要他拿钱出来。我们只好与他沟通，但不起任何效果，到最后只剩我们两人撑着了。这件事给我的教训很深，创业时哥儿们义气太重，可经营非儿戏，市场不相信眼泪，对于实体公司，没有现金无异于死路一条。正是因为我们当初没有考虑到市场的残酷性，没有考虑到人性的复杂，没有完善的合伙约束机制，才导致出现如此结局。

6. 创业过程中失败的第三件事情

创业过程中失败的第三件事情就是资金链断裂，蛋糕店解体。经营一段时间后，由于中途一位合伙人撤股，蛋糕店只剩下我们两位合伙人独自支撑，现金流严重不足，只能拆东墙补西墙，可以说寸步难行，而原材料、房租、人工工资等每月都要支付，蛋糕师傅见苗头不对，也经常请假。蛋糕店入不敷出，我们两位合伙人之间也产生了矛盾，对经营失去了信心，就说那就散了吧，不做了。这次创业最终宣告失败。事后总结，当初开此店的时候，许多细节都没有考虑进去，对经营也没有多大主见。另外，朋友之间过于熟悉了，没有一套好的制度进行约束，加之沟通上也出现了问题，面临困难时，相互指责，没有破釜沉舟的信心和勇气。市场是残酷的，合伙人之间不团结，最终的结局肯定是创业失败。

三、你认为作为一名创业大学生应该具备哪些能力

大学生创业第一点是要有足够的自信心，我觉得这一点非常重要；第二点我觉得要具备一定的管理能力，如果你没有一定的管理能力，不具备与团队沟通协调的能力，创业失败的几率就高；第三点我觉得流动资金很重要，如果出现资金问题，那就没有办法支撑下去，只能关门大吉。

附录G 近年来国家鼓励大学生创业的相关政策

日期	政策名称(会议)	政策类型	主要内容
1999年1月	面向21世纪教育振兴行动计划	环境政策	第27条 加强对教师和学生的创业教育，采取措施鼓励他们自主创办高新技术企业
2000年1月	中共中央国务院关于加强技术创新，发展高科技，实现产业化的决定	环境政策	允许大学生、研究生休学保留学籍创办高新技术企业
2002年4月	普通高校“创业教育”试点工作会议	创业教育政策	清华大学、北京大学、中国人民大学、北京航空航天大学、上海交通大学、南京经济学院等9所高校为创业教育试点院校，并给予资金和政策支持
2003年	教育部创业教育骨干教师培训班	师资政策	推动创业教育开展
2003年	中华人民共和国中小企业促进法	法律保障政策	进一步扶持促进中小企业发展

续表

日期	政策名称(会议)	政策类型	主要内容
2003年5月	关于做好2003年普通高等学校毕业生就业工作的通知	经费政策	自工商部门批准其经营之日起，年内免交个体工商户登记注册费、个体工商户管理费、集贸市场管理费等行政事业性收费 有条件的地区由地方政府确定，在现有渠道中为高校毕业生提供创业小额贷款和担保
2003年6月	关于切实落实2003年普通高校毕业生从事个体经营有关收费优惠政策的通知	经费政策	自工商部门批准其经营之日起，年内免交个体工商户登记注册费、个体工商户管理费、集贸市场管理费等行政事业性收费 有条件的地区由地方政府确定，在现有渠道中为高校毕业生提供创业小额贷款和担保
2004年4月	关于深入实施“中国青年创业行动”促进青年就业工作的意见	创业教育政策	要求从普及创业意识、培养创业能力、提供创业服务、优化创业环境、完善对青年的就业服务五个方面采取措施，引导、帮助广大青年(包括大学毕业生)在创业中实现就业
2005年	关于切实做好2006年普通高等学校毕业生就业工作的通知	环境政策	加大对大学生创业活动的优惠扶持力度，包括扩大创业教育试点范围，设立大学科技园以及创业孵化机构，加大创业培训力度，建立创业孵化基地，实施创业税费减免，小额担保贷款等
2007年	关于做好2007年高校毕业生就业有关工作的通知	环境政策	加大对大学生创业活动的优惠扶持力度，包括扩大创业教育试点范围，设立大学科技园以及创业孵化机构，加大创业培训力度，建立创业孵化基地，实施创业税费减免，小额担保贷款等
2007年	关于进一步加强创业培训　推进创业促就业工作的通知	环境政策	加大对大学生创业活动的优惠扶持力度，包括扩大创业教育试点范围，设立大学科技园以及创业孵化机构，加大创业培训力度，建立创业孵化基地，实施创业税费减免，小额担保贷款等
2006年1月	关于对从事个体经营的下岗失业人员和高校毕业生实行收费优惠政策的通知	经费政策	免交工商部门收取的个体工商户注册登记费(包括开业登记、变更登记、补换营业执照及营业执照副本)等管理类收费项目

续表

日期	政策名称(会议)	政策类型	主要内容
2008年1月	中华人民共和国就业促进法	环境政策	国家倡导劳动者树立正确的择业观念，提高就业能力和创业能力；鼓励劳动者自主创业、自谋职业。各级人民政府和有关部门应当简化程序，提高效率，为劳动者自主创业、自谋职业提供便利
2008年10月	关于促进以创业带动就业工作的指导意见	环境政策	降低创业者市场准入门槛，加强普通高校和职业学校的创业课程设置和师资配备，开展创业培训和创业实训。重点指导和促进高校毕业生、失业人员和返乡农民工创业
2009年1月	关于加强普通高等学校毕业生就业工作的通知	经费政策 商务支持政策	对有创业意愿的高校毕业生参加创业培训的，给予职业培训补助。对高校毕业生从事个体经营符合条件的，三年内免收行政事业性费用。强化高校毕业生的创业指导服务，提供"一条龙"创业服务。在当地公共就业服务机构登记失业的自主创业高校毕业生，自筹资金不足的，可申请不超过5万元的小额担保贷款；对合伙经营和组织起来就业的，可按规定适当扩大贷款规模；从事当地政府规定的微利项目的，可按规定享受贴息扶持。充分利用大学科技园、经济技术开发区、高新技术开发区、工业园区的资源，建立大学生创业孵化基地，并给予场地、资金等方面的支持，切实扶持一批大学生实现自主创业

续表

日期	政策名称(会议)	政策类型	主要内容
2010年5月	教育部关于大力推进高等学校创新创业教育和大学生自主创业工作的意见	创业教育政策	教育部成立高等学校创业教育指导委员会，大力推进高等学校创新创业教育工作，加强创业基地建设，打造全方位创业支撑平台，进一步落实和完善大学生自主创业扶持政策，加强创业指导和服务工作，形成推进高校创业教育和大学生自主创业的工作合力
2010年	国家中长期教育改革和发展规划纲要(2010—2020年)	创业教育政策	要大力推进高等学校创业教育工作
2010年	关于实施2010高校毕业生就业推进行动大力促进高校毕业生就业的通知 关于实施大学生“创业引领计划”的通知	创业教育政策	除继续加强创业教育、开展大学生创业培训(实训)、加大对大学生创业的政策优惠扶持(如大学生自主创业三年内每年减免8000元税费)之外，着重提出了要为大学生创业提供指导服务和孵化服务，如指导大学生制订创业计划书，为大学生制定创业路线图，成立大学生创业导师团、专家志愿团，为创业大学生提供低成本的生产经营场所和企业孵化服务等
2011年	关于支持和促进就业有关税收政策的通知	环境政策 经费政策	大学毕业生在毕业所在自然年自主创业，从事个体经营(除建筑业、娱乐业、广告业、房屋中介、桑拿、按摩、网吧、氧吧外)的，在3年内按每户每年8000元为限额依次扣减其当年实际应缴纳的营业税、城市维护建设税、教育费附加和个人所得税。此政策从2011年开始执行，截至2014年底

续表

日期	政策名称(会议)	政策类型	主要内容
2012年	关于小型微利企业所得税优惠政策有关问题的通知	经费政策	自2012年1月1日至2015年12月31日，对年应纳税所得额低于6万元(含6万元)的小型微利企业，其所得减按50%计入应纳税所得额，按20%的税率缴纳企业所得税
2014年	关于做好2014年全国普通高等学校毕业生就业创业工作的通知	环境政策	2014年至2017年，在全国范围内实施大学生创业引领计划。各地要采取措施，确保符合条件的高校毕业生都能得到创业指导、创业培训、工商登记、融资服务、税收优惠、场地扶持等各项服务和政策优惠。各高校要广泛开展创新创业教育，将创业教育课程纳入学分管理。落实和完善工商登记、场地支持、税费减免等各项创业扶持政策。各银行业金融机构要积极探索和创新符合高校毕业生创业实际需求特点的金融产品和服务方式，鼓励企业行业协会、群团组织、天使投资人等以多种方式向自主创业大学生提供资金支持
2015年	国务院关于进一步做好新形势下就业创业工作的意见	税收政策	高校毕业生、登记失业人员等重点群体创办个体工商户、个人独资企业的，可依法享受税收减免政策
2015年	人力资源社会保障部办公厅关于进一步推进创业培训工作的指导意见	创新创业培训政策	实施大学生创业引领计划和技能就业行动，鼓励高等院校、职业院校、技工院校学生在校期间开展“试创业”实践活动和电子商务培训活动，并将其纳入创业培训政策支持范围

续表

日期	政策名称(会议)	政策类型	主要内容
2016年	人力资源社会保障部教育部关于实施高校毕业生就业创业促进计划的通知	创业教育政策	把创新创业教育作为教育改革的突破口，指导高校将创新创业教育融入人才培养全过程，开发开好创新创业教育课程，制定学分转换、弹性学制、保留学籍休学创业等措施，开展各类创业实践活动，增强大学生创新精神、创业意识和创新创业能力。加强创业培训，针对高校毕业生创业不同阶段的需求，优先安排优质培训资源，开发合适的创业培训课程，使每一个有创业意愿和培训需求的毕业生都有机会获得创业培训
2017年	关于做好当前和今后一段时期就业创业工作的意见	扶持政策	鼓励高校毕业生多渠道就业，扩大高校毕业生求职创业补贴对象范围，实施留学人员回国创新创业支持计划
2018年	人力资源社会保障部办公厅关于推进技工院校学生创业创新工作的通知	创业政策	将自主创业的技工院校毕业生纳入政策扶持对象。要指导推动技工院校帮助符合条件的自主创业毕业生申请享受税费减免、创业担保贷款、创业补贴、场租补贴等创业扶持政策。支持技工院校引入风险投资、创业投资基金等社会资本，为毕业生创业拓展融资渠道

续表

日期	政策名称(会议)	政策类型	主要内容
2019年	普通高等学校学生管理规定	创业教育政策	第十七条：学生参加创新创业、社会实践等活动以及发表论文、获得专利授权等与专业学习、学业要求相关的经历、成果，可以折算为学分，计入学业成绩。具体办法由学校规定。学校应当鼓励、支持和指导学生参加社会实践、创新创业活动，可以建立创新创业档案、设置创新创业学分 第二十六条：学校可以根据情况建立并实行灵活的学习制度。对休学创业的学生，可以单独规定最长学习年限，并简化休学批准程序
2019年	关于进一步做好普通高等学校毕业生就业工作的通知	创业政策	取消高校毕业生落户限制，高校毕业生可在创业地办理落户手续(直辖市按有关规定执行)